HANS DOSSER

TOP 100 Südtirol

Die 10 x 10 Top

Landschaften · Städte und Dörfer · Autotouren
Burgen und Schlösser · Produkte · Weingebiete · Museen
Sehenswürdigkeiten · Panoramen · Neuheiten

blv

ÜBERSICHT NACH GEBIETEN

VINSCHGAU

GUTSCHEINE:

MERAN UND UMGEBUNG

GUTSCHEINE:

BOZEN UND UMGEBUNG

ÜBERSICHT NACH GEBIETEN

ÜBERETSCH UND UNTERLAND

SCHLERNGEBIET UND GRÖDEN

EISACKTAL UND WIPPTAL

ÜBERSICHT NACH GEBIETEN

ÜBERSICHTSKARTE

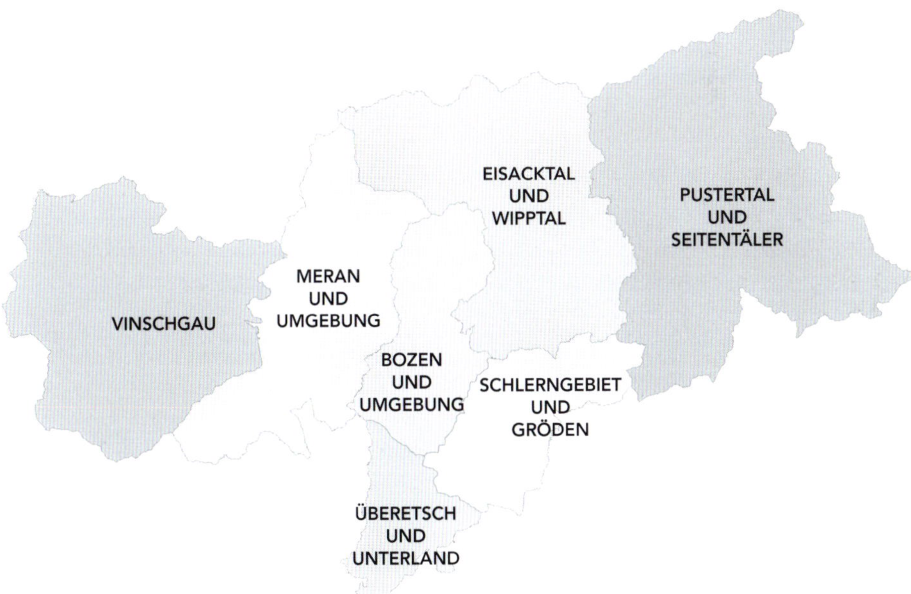

Dies ist ein Südtirol-Reiseführer mit einer ganz neuen Ausrichtung: Welche Orte und Sehenswürdigkeiten sind es, die das Land Südtirol am treffendsten repräsentieren? Wir haben zehn Themenbereiche ausgewählt, von denen wir wissen, dass sie den Ruf dieser Region begründen: Landschaften, Städte und Dörfer, Auto- und Passtouren, Burgen und Schlösser, Weingebiete, Museen, Sehenswürdigkeiten, Panoramaplätze, Neuheiten in der Tourismus- und Kulturszene sowie charakteristische Produkte. Zu jeder dieser Kategorien finden Sie eine Auswahl der zehn besten Empfehlungen – wir nennen sie die „Top". Und diese Auswahl enthält all das, was man gesehen haben muss, um dieses Land zu kennen und zu verstehen. Mit den Tipps der folgenden Seiten werden Sie Südtirol von allen Seiten – nämlich von genau 100 – kennen lernen. Die Gutscheine zu diversen Produkten und Dienstleistungen machen diesen Führer besonders wertvoll.

DIE AUSWAHL DER „TOP"

Ob Landschaften oder Orte, Sehenswürdigkeiten oder Burgen – es wurden immer die einfachsten Zugangsmöglichkeiten ausgewählt. Obwohl dies kein Wanderführer ist, sind immer kurze Rundgänge oder Zustiege beschrieben bzw. Wandertipps angeführt, die für jedermann leicht sind. Die schönsten Aussichtsplätze sind natürlich in diesem Führer auch am leichtesten zu erreichen, weil moderne Seil- oder Sesselbahnen und sogar Straßen dorthin führen. Wo es lohnt, sind auch Wanderwege beschrieben. Die Besuche der Landschaften, Städte und Dörfer sind natürlich als Tagestouren ausgelegt. Die Empfehlungen sind über das ganze Land verteilt, in der einen Landeshälfte überwiegen die kulturellen Höhepunkte, in der anderen die landschaftlichen. Die Auswahl der „Top" ist zwangsläufig eine selektive, doch mit Sicherheit repräsentiert sie das jeweils Besondere zum Thema – und alle zusammen repräsentieren sie das Besondere an Südtirol. Wenn es um das Besondere an Südtirol geht, spielt natürlich das Thema Wein eine herausragende Rolle. Bei den zehn behandelten Weinanbaugebieten sind die typischen Weine der Gegend vorgestellt. Sie sollte man probiert haben, um das „Terroir", wie die Fachleute den Einfluss von Klima und Bodentyp nennen, des Südtiroler Weines kennen zu lernen. Als „ausgezeichnete" Weine sind jene vermerkt, die jüngst Auszeichnungen in nationalen und internationalen Weinführern erhalten haben oder sich durch ein hervorragendes Preis-Leistungs-Verhältnis auszeichnen. Viel Spaß beim Probieren und Erkunden! Damit Ihnen das Kennenlernen leichter fällt, enthält dieser Führer aber nicht nur zahlreiche Tipps, sondern als besonderes Plus auch Gutscheine, die Ihr Urlaubsbudget erheblich entlasten und den Genuss dadurch noch steigern werden. Der Wert dieser Gutscheine übersteigt die Tausend-Euro-Grenze!

EINLÖSUNG DER GUTSCHEINE

1. Mit dem Erwerb des Führers „Reiseführer Südtirol" erlangt der Käufer den Anspruch auf die Einlösung der darin enthaltenen Gutscheine. Dieser Anspruch ist unter Berücksichtigung der folgenden Einlösungsbedingungen abtretbar.

2. Die im Gutschein beschriebenen Leistungen können von den Berechtigten bis zum 31.12.2008 in Anspruch genommen werden.

3. Die Einlösungsmodalitäten des Gutscheines (wie z. B. Kombinierbarkeit oder Kumulierbarkeit mit anderen Angeboten, Vorankündigung des Wunsches der Inanspruchnahme u. ä.) müssen vor der Einlösung direkt beim Anbieter in Erfahrung gebracht werden.
In jedem Fall muss der Anbieter vor Inanspruchnahme der beschriebenen Leistung darauf hingewiesen werden, dass ein Gutschein eingelöst werden soll. Unterbleibt dieser Hinweis, besteht keine Berechtigung zur nachträglichen Einlösung.

4. Der Gutschein muss mitsamt dem Führer und als Teil desselben dem Anbieter vorgelegt werden und darf erst vor Ort vom Anbieter durch Abstempeln des Gutscheines entwertet werden. Ein vom Führer losgetrennter Gutschein ist ungültig und gibt kein Anrecht auf Inanspruchnahme der darin beschriebenen Leistung.

5. Bei den Gutscheinen handelt es sich um bezahlte Inserate. Für den Inhalt des Gutscheines und die Einlösung desselben bzw. die Erbringung oder Nicht-Erbringung oder Art und Umfang der darin beschriebenen Leistungen ist ausschließlich der jeweilige Anbieter verantwortlich. Der Anbieter hat sich vertraglich verpflichtet, den Tappeiner Verlag von jeglicher diesbezüglicher Verantwortung zu befreien und schadlos zu halten. Sollten Streitigkeiten bezüglich der Einlösung des Gutscheines, der Erbringung oder Nicht-Erbringung – auch durch Betriebsschließung o. ä, durch höhere Gewalt oder Zufall – der darin beschriebenen Leistungen entstehen, können die entsprechenden Forderungen nur direkt gegenüber dem Anbieter geltend gemacht werden. Eine Barablöse des Gutscheines ist ausgeschlossen.

6. Der Tappeiner Verlag übernimmt keine Haftung für etwaige Druck- oder Satzfehler, für die Richtigkeit oder Vollständigkeit der im Gutschein enthaltenen Angaben. Ebenso übernimmt der Verlag keine Haftung für sämtliche in den Gutscheinen angegebenen Texte, Bilder, Adressen, Internet-Links und sonstigen Daten. Für den Inhalt von Internet-Adressen sind ausnahmslos die jeweiligen Betreiber verantwortlich.

Knottnkino | Vöran

10 LANDSCHAFTEN

1 SEEN DES OBERVINSCHGAUS

GUTSCHEINE

für dieses Gebiet und Umgebung siehe Seiten **220 – 224**

RESCHENPASS – Der Turm im See ist das heimliche Wahrzeichen des Vinschgaus. Keinem, der über den Reschenpass ins Land kommt oder es verlässt, entgeht das Bild: Ein grünblauer See, ein Kirchturm, der fragend aus dem Wasser ragt und in der Ferne im Süden das Glitzern der Ortlergletscher. Diese Seenlandschaft hat freilich einmal anders ausgesehen, im Naturzustand waren hier drei Seen umrahmt von einer weiten Weidelandschaft. Der italienische Staat, zu dem das Land Südtirol 1919 gekommen ist, hatte großen Hunger nach Energie für seine Industrialisierung. Im Süden wurden eine Staumauer errichtet und zwei Seen geflutet und zu einem großen See aufgestaut. Das Dorf Graun, das zwischen den Seen lag, verschwand nicht ganz, denn bei der Sprengung der Kirche ist der Turm stehen geblieben und zunächst ein Wahrzeichen für Zerstörung geworden. Er ist heute ein viel fotografiertes Monument. Der dritte der drei Seen, der Haider See, ist in seinem Urzustand verblieben. Ein neues Dorf Graun wurde aufgebaut, und somit säumen die drei Orte Reschen, Graun und St. Valentin diese Gewässer.

TIPP

Ferienwohnungen Haus Larix

Moderne Ferienwohnungen, sehr ruhige Lage, herrlicher Ausblick, schöne Wanderungen, Natur pur.

Langtaufers 132
I-39027 Graun i. V.
Tel. 0039 349 4790223
www.hauslarix.eu
Ganzjährig geöffnet

Was kann man unternehmen?

Man kann am alten Kirchturm in Graun direkt an der Reschenstraße Halt machen, den Turm bestaunen und die historische Dokumentation anschauen, welche die oben beschriebenen Ereignisse schildert.

Man kann den 7 Kilometer langen Reschensee mit dem Fahrrad auf eigenem Weg umrunden, oder den Kite-Surfern zuschauen, die sich hier im Sommer zunehmend tummeln. Im Winter führt eine Loipe über den See, und wenn der Wind gut ist, wird auch eisgesegelt.

Einen Überblick über den See genießt man am besten von der Haider Alm oder von Schöneben aus. Beide sind per Seilbahn zu erreichen und oben durch einen Höhenweg verbunden. Wer noch höher hinaus will, kann den See auch von den umliegenden Gipfeln aus bewundern, wie z. B. von der Seebodenspitze (von der Haider Alm), vom Piz Lat (von der Reschenalm) oder vom Joggl (von Graun) aus. Alle drei Berge sind Tagestouren, aber für Bergerfahrene unschwer.

Wie kommt man hin?

Über den Reschenpass von Norden her oder über den Vinschgau vom Süden her.

INFOBOX

TOP, weil ein künstlicher und ein natürlicher See eine neue Kulturlandschaft gebildet haben und der Kirchturm im Reschensee ein Wahrzeichen geworden ist.

Mehr Infos:
Ferienregion Reschenpass
Tel. 0039 0473 737090
www.reschenpass.it

Haidersee mit der Ortschaft St. Valentin und Reschensee

2 TSCHÖGGELBERG – SALTEN

GUTSCHEINE

für dieses Gebiet und Umgebung siehe Seiten **225 – 237**

HAFLING/JENESIEN – Gemeint ist die Hochfläche zwischen Hafling und Jenesien, die im oberen Teil Tschöggelberg und im unteren, also gegen Jenesien hin, Salten heißt. Wo genau die Grenze liegt, weiß niemand, aber das ist auch nicht wichtig. Um es einfach zu sagen: Die Meraner gehen auf den Tschöggelberg, die Bozner auf den Salten, und man trifft sich bei Langfenn oder am Tschaufen.

Diese Landschaft erstreckt sich in einer für alle Jahreszeiten idealen Höhenlage: Im Bergfrühling kann man über die blühenden Lärchenwiesen wandern, im Sommer durch halbschattige Wälder hinauf zu den diversen Almen, im Herbst glühen die Wälder von Gelb bis Orange, und im Winter sind hier die sonnigsten Wege im Schnee zu finden. Eine Straße verbindet alle vier Dörfer – Hafling, Vöran, Mölten und Jenesien.

TIPP

Seilbahn Vöran

Von Burgstall die schnellste und bequemste Verbindung zum schönen Bergdorf am Tschöggelberg. Ideal als Ausflugstrip zum „Knottnkino", leichte Wandertour ca. 2 Std.

Tel. 0473 278187 (Berg)
Ganzjährig geöffnet

Was kann man unternehmen?

Vom Dorf Hafling aus empfiehlt sich eine Wanderung zur Wurzer Alm und weiter zur Vöraner Alm, von Vöran aus zur Leadner Alm, bzw. man kann alle drei zu einer Rundwanderung verbinden. Ein absolutes Muss ist Langfenn mit dem Kirchlein zum hl. Jakob und angeschlossenem Gasthaus. Ausgangspunkt ist Schermoos in Mölten. Am höchsten Punkt des Höhenrückens geht der Ausblick von den Dolomiten bis zum Ortler. Von Schermoos aus geht es dem Europäischen Fernwanderweg E 5 entlang zur Möltner Kaser und den „Stoanernen Mandlen". Eine besondere Attraktion ist das „Knottnkino" oberhalb von Vöran, wo man das Panorama vom Kinosessel aus genießen kann. Von Jenesien aus geht es, nach einem längeren Zustieg von Süden her, auf dem breiten Fernwanderweg ebenfalls nach Langfenn. Den Tschaufen erreicht man von Mölten (Verschneid) und von Jenesien aus. Alle Routen sind gut markiert.

Was muss man sehen?

Die Lärchenwiesen in der Bergblumenpracht (Juni), Langfenn (Lafenn), die Aussicht von den „Stoanernen Mandlen". Die feurigen Lärchen im Herbst und die gespurten Schneewanderwege im Winter

Wie kommt man hin?

Von Meran aus geht es zunächst nach Hafling. Die Sonnenstraße verbindet alle Dörfer bis Jenesien, das man am kürzesten von Bozen aus erreichen kann, aber um hier nur durchzufahren, dafür ist diese Gegend zu schade. Alle vier Dörfer sind auch per Bus und Seilbahn erreichbar. Die erste Bahn im Norden führt vom Naiftal auf Meran 2000.

INFOBOX

TOP, weil diese Hochfläche zu allen Jahreszeiten gleichermaßen wunderschön ist.

Mehr Infos:
Tourismusverein Mölten
Tel. 0039 0471 668282
www.moelten.net

Vöran mit Blick auf den Ifinger

3 KALTERER SEE

GUTSCHEINE

für dieses Gebiet und Umgebung siehe Seiten **241 – 245**

KALTERN – Der Kalterer See ist Südtirols Badesee. Von oben leuchtet er wie ein Auge in einem Meer von Grün. Die Fahrt von Kaltern zum See führt tatsächlich durch einen einzigen Weingarten, der diese Landschaft für Südtirol so einmalig prägt. Am See sitzen, die Sonne und den Wein genießen – das sind nur einige der Freuden dieser Landschaft. Am See zu wandern oder mit dem Rad zu fahren ist eine andere Variante, aber manche mögen den See am liebsten von oben als Panoramablick. Die verschiedenen Abstufungen von Grün, die Rebterrassen und die alten Weinhöfe unterstreichen das südliche Flair dieser Gegend.

Was kann man unternehmen?

Im Sommer kann man am wärmsten See der Alpen natürlich baden, von Mitte Mai bis Ende September. Mehrere Badeanstalten bieten sich dafür an, und am Nachmittag bläst die „Ora", der sogenannte Gardaseewind, der Erfrischung und viel Freude für die Windsurfer bringt. Im Frühling und Herbst macht man eine Rundtour um den See, die auch als gemütliche Radtour zu empfehlen ist. Frei vom motorisierten Verkehr ist diese Wanderung erholsam und, besonders im Südteil des Sees, ein Naturerlebnis. Der breite Schilfgürtel, den man teilweise begehen kann, ist ein Naturschutzgebiet für Wasser- und Zugvögel. Die Rundtour führt auch am Kirchlein St. Josef am See vorbei.

Etwas Besonderes ist der Blick auf den See und seine Rebenlandschaft. Diese genießt man einmal von Altenburg aus, siehe dazu die Beschreibung bei Top „Städte und Dörfer" (S. 48), oder von der gegenüberliegenden Leuchtenburg. Diese erreicht man von Klughammer aus über den Kreithsattel und von dort zu Fuß zur Ruine. Am malerischsten ist der Blick von Schloss Ringberg aus, das zwischen dem Dorf und dem See an der Weinstraße liegt.

Wie kommt man hin?

Über die Südtiroler Weinstraße von Bozen oder von Süden her kommt man direkt zum See mit dem großen Parkplatz und den Badeanstalten (Lido). Um nach Klughammer auf die andere und ein bisschen ruhigere Seite des Sees zu gelangen, zweigt man gleich unterhalb von Kaltern links ab und fährt auf schmaler Straße durch die ausgedehnten Weinberge zum See.

INFOBOX

TOP, weil der größte See Südtirols in einem ausgedehnten Weingarten liegt und zum Baden und Flanieren einlädt.

Mehr Infos:
Tourismusverein
Kaltern am See
Tel. 0039 0471 963169
www.kaltern.com

Der Kalterer See

4 RITTEN

GUTSCHEINE

für dieses Gebiet und Umgebung siehe Seiten **237 – 240**

RITTEN – Wer einmal von den Bozner Seligkeiten gelesen hat, weiß, dass ein Sommerfrischhaus (Ferienhaus) auf dem Ritten dazu gehört. Aber man muss kein Haus auf dem Ritten haben, um diese Landschaft genießen zu können, man kann einen Tagesausflug hinauf machen oder dort oben einen Urlaub verbringen – Hotels und Pensionen stehen reichlich zur Auswahl in Oberbozen, Klobenstein oder Lengmoos. Gebaut wurde viel, trotzdem ist der Ritten eine der schönsten

Die Rittner Bahn mit dem Wahrzeichen Südtirols, dem Schlern

Landschaften Südtirols geblieben, und man spürt heute noch den Charme der gutbürgerlichen Sommerfrische, die nicht nur die Bozner, sondern auch die prominenten Gäste, wie Sigmund Freud oder den Maler Wasmann und viele mehr, angelockt hat. Nicht zuletzt waren es die Zahnradbahn und die Erdpyramiden, die zu einem Besuch verpflichteten. Von der schnuckeligen Bahn ist noch die Strecke Oberbozen–Klobenstein verblieben, die Auffahrt von Bozen wurde durch eine Seilbahn ersetzt. Namen wie „Himmelreich", „Bad Süss" oder „Auf der Schön" lassen Gutes erahnen.

INFOBOX

TOP, weil diese Hochfläche sehr viel Abwechslung bietet.

Mehr Infos:
Tourismusverein Ritten
Tel. 0039 0471 356100
www.ritten.com

Was kann man unternehmen?

Die erholsamste Variante den Ritten kennen zu lernen ist die, mit der Seilbahn nach Oberbozen, 1220 m, zu fahren, das nostalgische Bähnlein nach Klobenstein zu besteigen und zu den Erdpyramiden zu wandern. Oder über Kematen, einen herrlichen Ansitz, nach Klobenstein zu wandern und mit der Bahn zurückzufahren. Es gibt eine Haltestelle, da kann man in einem alten Rittner Bauernhaus ein Bienenmuseum besuchen und Honig kaufen. Im Sommer kann man mit dem Auto oder Bus nach Pemmern fahren, zu Fuß oder mit der Sesselbahn zur Schwarzseespitze gelangen und zum Rittner Horn weiterwandern. Das ist eine leichte Tour ohne alpine Schwierigkeiten; auf dem Gipfel steht ein Schutzhaus, die Rundsicht über die Hochflächen Südtirols ist umfassend.
Eine weitere Möglichkeit ist eine Kurzwanderung von Himmelreich nach Bad Süss und über die Tann zurück.

Wie kommt man hin?

Je nachdem, was man unternehmen will, steht von Bozen aus die Zufahrt mit dem Bus, mit der Seilbahn oder mit dem Auto an, oben gibt es sogar eine Schmalspurbahn. Die Seilbahn startet in Bozen zentral nahe des Bahnhofs und führt nach Oberbozen. Sie verkehrt das ganze Jahr über. Der Busbahnhof in Bozen liegt dem Zugbahnhof schräg gegenüber.

TIPP

Restaurant Hotel Ansitz Kematen
850 Jahre alter Patriziersitz in herrlicher Panoramalage am Ritten. Neugotische Stuben, Panoramaterrasse, Tiroler Spezialitäten und hauseigene Konditorei.

Kematerstraße 29
I-39054 Klobenstein
Tel. 0039 0471 356356
www.kematen.it
Dez. bis Nov. geöffnet

5 SEISER ALM

GUTSCHEINE

für dieses Gebiet und Umgebung siehe Seiten **245 – 246**

SEISER ALM – Wer nicht auf der Seiser Alm war, der war nicht in Südtirol. Die Größe und Weite dieses Almgebietes haben nicht zuletzt wegen der viel besungenen Blumenpracht Touristen und Wanderer angezogen. Zwar hat die Masse der Menschen ihren Tribut verlangt, aber trotzdem ist diese weitläufige Almlandschaft einzigartig geblieben und für Wanderer, Skifahrer und Langläufer das ganze Jahr über attraktiv. Die Alm ist als Südtiroler Naturpark ausgewiesen. Natürlich muss man sich von den Massen wegbegeben, zu den Hütten wandern oder auf den Puflatsch. Und den Gemütlichen ist eine Fahrt in der Pferdekutsche zu empfehlen, denn im Sommer ist die Alm für den Verkehr gesperrt.

Was kann man unternehmen?

Mit dem Bus oder mit der Gondelbahn in Kompatsch angekommen, kann man auf den Puflatsch wandern oder die Sesselbahn benutzen und von oben aus eine Rundtour unternehmen. Sie bietet einen großartigen Rundblick über die Alm und auf Kastelruth und das Grödner Tal. Allgegenwärtig ist der Anblick des Schlern mit der Santnerspitze und das Panorama der Langkofelgruppe. Den Schlern kann man ebenfalls erwandern und zum Schlernhaus aufsteigen, was für etwas Berggeübte unschwer zu bewältigen ist. Die einfachen Wandermöglichkeiten sind vielfältig; man braucht nur loszuziehen, denn für die Verpflegung ist allenthalben gesorgt: Es gibt hier viele Hütten (Schwaigen genannt), die Speise und Trank anbieten.

Was muss man sehen?

Die Weite der Hochgebirglandschaft, eingerahmt von markanten Bergen wie Schlern, Santnerspitz und Langkofel. Die Blumenpracht der Dolomiten, besonders im Juni und Juli.

Die leichten und gemütlichen Wandermöglichkeiten zu Hütten und Aussichtspunkten.

Wie kommt man hin?

Man kann mit dem Auto nicht ohne Genehmigung hinauffahren. Per Bus oder mit der Gondelbahn von Seis erreicht man rasch das Hochplateau. Die Alm ist auch von St. Ulrich in Gröden aus mit einer Gondelbahn erreichbar, dabei lernt man die ruhigere Seite dieser Landschaft kennen.

INFOBOX

TOP, weil dieses Hochplateau die größte Almlandschaft Südtirols ist.

Mehr Infos:
Tourismusverband
Seiser Alm
Tel. 0039 0471 709600
www.seiseralm.it

Das Schlernmassiv; Burgstall, Euringer und Santner

6 COL RAISER UND CISLES – GRÖDEN

GUTSCHEINE

für dieses Gebiet und Umgebung siehe Seiten **245 – 246**

ST. CHRISTINA – Die Naturlandschaft unter den Geislerspitzen ist eigentlich eine Kulturlandschaft: In vielen Jahrhunderten haben Bauern versucht, dieser Berglandschaft das nötige Futter für die Tiere zu entlocken, um sich so ihr kärgliches Dasein in diesem Tal zu sichern. Diese Arbeit hat die prächtigen Wiesen auf der Cisles-Alm geschaffen, die heute das weite Hochtal und die Almen prägen. Von den

Die Gondelbahn zum Col Raiser – Blick auf den Langkofel

vielen Hochweiden im Dolomitengebiet gehört diese zu den schönsten, weil hier wenig verändert wurde.

Was kann man unternehmen?

Man kann natürlich auch zu Fuß in 1¾ Stunden zum Col Raiser aufsteigen, aber am besten nimmt man die Bahn, wandert oben eine der vielen Varianten und steigt zu Fuß ab.

1. Möglichkeit: Vom Col Raiser aus hat man bereits einen prächtigen Blick auf die Felskulisse der Geislerspitzen, hier sollte man den Fotoapparat zücken. Man nimmt den ausgeschilderten Weg Richtung Fermeda-Hütte und weiter zum Kuka-Sattel. Auf dem Rückweg geht es bei der Fermeda-Hütte rechts ab und über die Gamsbluthütte ins Tal hinunter. Den Höhenunterschied überwindet man nur im Abstieg.

2. Möglichkeit: Vom Col Raiser nimmt man den Weg zur Regensburger Hütte (Rif. Firenze), wo man das Bergsteigerflair eines alten Schutzhauses genießt. Der Abstieg Richtung St. Christina verläuft über offene Wiesen und Zirbenwald zurück zum Parkplatz. Das ist ebenso wie Variante 1 eine leichte Wanderung.

Was muss man sehen?

Die Aussicht vom Col Raiser, die Blumenpracht der Dolomitenwiesen besonders im Juni und Juli, aber auch der Hochsommer, und der September lässt Blumen sprießen. Die Bergkulisse der Geislerspitzen und der Fermeda-Türme. Almhütten, Murmeltiere und viele Einkehrstätten.

Wie kommt man hin?

Von der Dolomitenstraße durch das Grödner Tal (siehe bei Top „Autotouren“, S. 68) zweigt man in St. Christina Richtung Col Raiser ab und fährt bis zum Parkplatz der gleichnamigen Seilbahn. Der Parkplatz ist gebührenpflichtig wie alle Parkplätze in Gröden.

INFOBOX

TOP, weil die Cisles-Wiesen ein Stück Naturlandschaft für Sommer und Winter geblieben sind.

Mehr Infos:
Tourismusverband Gröden
Tel. 0039 0471 777777
www.valgardena.it

7 VILLNÖSSTAL

GUTSCHEINE

für dieses Gebiet und Umgebung siehe Seiten **247 – 252**

VILLNÖSS – Die heimliche Liebe aller Dolomitenfreunde. Dieses Tal ist leicht zu erreichen, hat sich aber trotzdem allen schnellen Erschließungen entzogen und keinen Wintertourismus im herkömmlichen Sinn entwickelt. Das hat dieser wunderschönen Gegend mit den Bilderbuchansichten der Dolomiten gut getan. Das ganze Tal mit seinen Dörfern und Weilern ist schön, wir wollen uns aber vor allem dem hinteren Villnößtal widmen, das zu den beliebtesten Wandergebieten zählt und die imposantesten Motive der Geislerspitzen bietet. Bei der Zanseralm ist Schluss mit dem Auto,

St. Johann in Ranui und die Geislergruppe

ab da geht es zu Fuß in eine Landschaft, die geprägt ist von weiten Almen und den Nordwänden der Geisler und Fermeda. Reinhold Messner ist ein Sohn dieses Tales, in seinen Bergerinnerungen beschreibt er, wie der erste Anblick der Geislerspitzen von der neuen Gschnagenhardtalm aus zu den wichtigsten Eindrücken seines Lebens wurde. Das gilt noch heute: Wer ins Villnößtal fährt und zur neuen Gschnagenhardtalm (jetzt Geisleralm) aufsteigt, der darf von sich behaupten, dass er die Dolomiten gesehen hat!

INFOBOX

TOP, weil diese Wanderung die großartigsten Dolomitenblicke in einer fast unberührten Natur bietet.

Mehr Infos:
Tourismusverein
Villnösser Tal
Tel. 0039 0472 840180
www.villnoess.com

Was kann man unternehmen?

Von der Zanseralm aus gibt es viele Wandermöglichkeiten. Lohnend ist der Aufstieg zur Schlüterhütte. Der schönste Weg zu den bekannten Fotomotiven der Geislerspitzen ist der „Adolf-Munkel-Weg", und bei der Geisleralm angelangt, hat man die ganze Herrlichkeit vor der Linse. In Ranui steht auf offener Wiese das St.-Johann-Kirchlein, eines der meistfotografierten Motive der Dolomiten. Gleichgültig, welchen Weg man einschlägt: Der Blick auf die Dolomitengipfel ist immer imposant. Der Adolf-Munkel-Höhenweg führt bis zur Brogles-Alm. Auf einer der vielen Almen kann man in der Sonne sitzen und das wechselnde Licht und Farbenspiel der Dolomitenfelsen auf sich wirken lassen. Kunstinteressierten ist der Spaziergang vom Ort St. Peter in Villnöß zum Kirchlein St. Valentin in Pardell zu empfehlen (Kirchenschlüssel ist im nahen Bauernhof). In Teis sind im Mineralienmuseum die berühmten, in ihrer Art einmaligen „Teiser Kugeln" zu sehen.

Wie kommt man hin?

Von der Autobahnausfahrt Klausen zur Brenner-Staatsstraße; zwei Kilometer nördlich geht es ins Villnößtal. Wie alle Zufahrten zu den Dolomiten führt die Straße zunächst durch eine Schlucht, die sich zunehmend weitet. In St. Magdalena gibt es den ersten Blick auf die große Kulisse; bei der Zanseralm endet die Zufahrt am gebührenpflichtigen Parkplatz.

TIPP

Geisleralm 1996 m
Herrlich gelegene Alm, erlesene Traditionsgerichte, Naturzimmer mit Dusche/WC, auch Winterbetrieb, Schneeschuhwanderung, Rodelbahn.

St. Magdalena 39
I-39040 Villnöß
Tel. 0039 333 7569029
www.geisleralm.com
Mitte Mai bis Mitte Nov. und Weihnachten bis Mitte März geöffnet

8 ALTA BADIA

GUTSCHEINE

für dieses Gebiet und Umgebung siehe Seiten **252 – 261**

ALTA BADIA – Das ladinische Hochtal. Gesprochen wird in Alta Badia ladinisch, eine rätoromanische Sprache, eng verwandt der im schweizerischen Engadin. Auch die Namensgebung ist mehrsprachig und in diesem Tal besonders komplex. Auf Deutsch hieß es Gadertal, nach dem Fluss, aber auch Abteital, was mit der Bendiktinerabtei auf der Sonnenburg im Pustertal zu tun hat, zu der diese Gegend gehörte. Auf Italienisch heißt es Val Badia, aber durchgesetzt hat sich schlussendlich die Bezeichnung Alta Badia, im Wintertourismus Inbegriff des totalen Skivergnügens. Geprägt hat dieses

Die Wallfahrtskirche Hl. Kreuz unter dem Kreuzkofel

Hochtal nicht nur die Sprache, sondern auch die Siedlungsform der Rätoromanen: Die Höfe stehen paarweise oder in Gruppen, sogenannten Viles, eng beisammen an den Sonnenhängen. Wohnhaus und Wirtschaftsgebäude sind auf schmalen steingemauerten Sockeln in Holz aufgebaut und ähneln einem Pilz. Landschaftlich geprägt ist das weite Hochtal aber von den Dolomiten – Kreuzkofel, Cunturines, Sella und Puezgruppe. Besonders schön ist im Sommer die Gegend um Heilig Kreuz, St. Kassian und Armentarola. Die Orte Corvara und Kolfuschg haben sich, vor allem durch den Wintertourismus, zu großen Fremdenverkehrszentren entwickelt. Schicke Hotels und feine Gastronomie sind hier zu finden.

INFOBOX

TOP, weil dieses weitläufige Hochtal in den Dolomiten noch viele ruhige Ecken hat.

Mehr Infos:
Tourismusverband
Alta Badia
Tel. 0039 0471 836176
www.altabadia.org

Was kann man unternehmen?

Wer die Ruhe der Berglandschaft genießen will, fährt ins Dorf Wengen hinauf und wandert nach Heilig Kreuz. Dieser Wallfahrtsort mit Kirche und Hospiz ist zu Fuß auch von St. Leonhard bei Pedraces aus erreichbar. Am besten nimmt man aber die Sessellifte von dort, dann sind es nur mehr 10 Minuten bis zum Hospiz. Absteigen kann man über mehrere schöne Wege, die ladinische Kulturlandschaft mit ihren Höfen ist hier noch erlebbar. Bergwanderer können von Heilig Kreuz auf einem leichten Klettersteig die Kreuzkofelscharte erreichen, einen prächtigen Aussichtspunkt. Zum Thema Panoramen siehe Beschreibung Piz la Villa bei Top „Panoramen" (S. 194). Zum Thema Kultur siehe Beschreibung Ladinisches Museum in St. Martin bei Top „Museen" (S. 150).

TIPP

Gemütliches Gasthaus und Schutzhaus, Spezialität: Apfelkuchen und Kaiserschmarren. Herrlicher Ausblick (Wallfahrtsort).

Schutzhaus Heilig Kreuz
Tel. 0471 839632
www.santa-croce.it

Seilbahn Heilig Kreuz
Tel. 0471 838093 (Tal)
Juni–Ende Sept. geöffnet

Wie kommt man hin?

Vom Pustertal aus führt eine Straße durch die enge Schlucht der Gader, die sich bei Pedraces wie eine Bühne öffnet. Auch über die Dolomitenpässe gelangt man ins Alta Badia, über das Grödner Joch, über den Campolongo von Süden her und über den Valparola-Pass von Cortina d'Ampezzo her.

9 PRAGSER TAL

GUTSCHEINE

für dieses Gebiet und Umgebung siehe Seiten **252 – 261**

PRAGS – Zwei Täler in einem. Wenn man in dieses herrliche Dolomitental fährt, muss man sich bald entscheiden, ob man ins linke oder rechte Tal abbiegt. Im Zweifelsfall besucht man beide, denn Altprags und Innerprags haben jeweils Naturschönheiten zu bieten, die eine eigene Reise wert sind. Links geht es zur Plätzwiese hinauf, einer Hochalm, rechts zum Pragser Wildsee, der dunkel unter dem mächtigen Seekofel liegt. Nach Altprags ist man früher zur Kur gefahren, aber das alte Badehotel liegt heute im Dornröschenschlaf, dafür ist das Grandhotel am Wildsee noch in Betrieb. Das altehrwürdige Haus hat vielen Persönlichkeiten aus Politik und Kunst Ruhe und Erholung geboten. Wer aber zu den Blumenwiesen der Plätzwiese will, muss linkerhand bis zum Brückele fahren; im Hochsommer wird ab da die Straße für den Privatverkehr gesperrt und ein Bus eingesetzt. Oben steht nur ein Hotel, der Rest ist Natur. Rechterhand geht es zum Wildsee, auch hier steht nur ein Hotel, der Rest ist See.

Was kann man unternehmen?

1. Auf der Plätzwiese kann man im Juni und Juli die Blüte der Almwiesen erleben, die ganze Pracht der Dolomitenblumen entfaltet sich in dieser Zeit. Dazu spaziert man am besten vom Parkplatz eben bis zum alten österreichischen Militärfort und genießt die Aussicht auf das wilde Felsgebilde der Hohen Gaisl. Bergerfahrene können zum Dürrenstein aufsteigen und die von dort noch bessere Aussicht erleben.
2. Am Pragser Wildsee sollte man sich eiligst vom Parkplatz wegbewegen und in die Ruhe der umgebenden Landschaft eintauchen. Es ist der größte und wohl auch beeindruckendste Bergsee in den Dolomiten. Auf einer Seeumrundung ist man im Sommer nicht alleine, aber es ist die beste Art, den Wildsee in seiner ganzen Pracht zu erleben. Ein bisschen ruhiger wird es, wenn man ins Grünwalder Tal ab-

zweigt, das man rechts am See entlang erreichen kann und in dem man bis zur gleichnamigen Alm wandert. Man kann aber auch nur am unteren Ufer sitzen und die Wucht des Seekofels auf sich wirken lassen, der sich im Wildsee spiegelt.

Wie kommt man hin?

Gleich hinter Welsberg im oberen Pustertal zweigt die Straße ins Pragser Tal ab, das sich selbst in zwei Talabschnitte aufteilt. Links geht es nach Altprags und hinauf zur Plätzwiese, rechts gelangt man in das Innerpragser Tal, an dessen Ende der Pragser Wildsee liegt.

INFOBOX

TOP, weil dieses Tal gleich zwei Naturschönheiten zu bieten hat, den Pragser Wildsee und die Plätzwiese.

Mehr Infos:
Tourismusverein
Pragser Tal
Tel. 0039 0474 748660
www.pragsertal.info

Der Pragser Wildsee

10 DREI ZINNEN

GUTSCHEINE

für dieses Gebiet und Umgebung siehe Seiten **252 – 261**

TOBLACH – Die Drei Zinnen sind das bekannteste Felsgebilde der Dolomiten. Steht man in dieser Landschaft, drängt sich spontan die Frage auf, wer diese drei Felsriesen dort hingestellt hat: Sind sie so gewachsen oder einfach nur übrig geblieben? Beides stimmt ein bisschen, denn durch die Faltung der Alpen wurden gewaltige Kalkablagerungen und Korallenstöcke von Süden her aufgeschoben. Was wir heute sehen, ist das, was die Erosion von fünf Eiszeiten übrig gelassen hat. Der Architekt Le Corbusier bezeichnete diese Felsformation als „schönste Architektur der Welt". Am besten erlebt man diese einzigartige Dolomitenlandschaft von der Dreizinnenhütte aus, die im Herzen des Naturparks Sextner Dolomiten liegt und über viele Wege erreicht werden kann.

Was kann man unternehmen?

Das großartige Panorama der Sextener Dolomiten und der schönste Blick auf die Drei Zinnen wird von der Dreizinnenhütte aus geboten. Die Bergseen auf den „Böden" liegen unterhalb der Hütte, der Steig durch das Altensteintal führt daran vorbei. Im Ersten Weltkrieg verlief hier die Front. Wenn man Richtung Toblinger Knoten wandert oder auf den Sextner Stein gleich hinter der Hütte hinaufsteigt, erkennt man die alten Stellungen.

Wie kommt man hin?

1. Möglichkeit: Der bequemste Weg führt mit dem Auto von Toblach aus ins Höhlensteintal, Richtung Misurina-See und auf einer Mautstraße zur Auronzo-Hütte, wo die Fahrt auf dem großen Parkplatz endet (siehe Beschreibung Top „Autotouren", S. 74). Von hier folgt man dem Weg Nr. 101 zunächst der Südseite entlang und dann über den Paternsattel in 1½ Stunden zur Dreizinnenhütte, 2405 m.

2. Möglichkeit: Für eine ausgedehnte Gebirgswanderung empfiehlt sich der klassische Aufstieg von Sexten. Ausgangspunkt für diese Wanderung ist der Parkplatz im Fischleintal, den man über Sexten-Moos erreicht. Zunächst führt der Weg eben durch das wunderschön bewaldete Fischleintal, dann rechts hinauf durch das Altensteintal zu den Bödenseen und weiter zur Dreizinnenhütte. Der Weg überwindet 950 Höhenmeter, und es sind gut 3 Stunden Gehzeit für den Aufstieg zu planen. Im Abstieg kann diese Variante über die Zsigmondy-Comici-Hütte auch zu einer Rundwanderung ausgedehnt werden.

INFOBOX

TOP, weil das Felsmassiv der Drei Zinnen zu den Höhepunkten der Dolomiten zählt.

Mehr Infos:
Tourismusverein Toblach
Tel. 0039 0474 972132
www.toblach.it

Die Nordwände der Drei Zinnen

10 STÄDTE UND DÖRFER

Bozen

1 BOZEN

GUTSCHEINE

für dieses Gebiet und Umgebung siehe Seiten **237 – 240**

DIE HAUPTSTADT DES LANDES SÜDTIROL – Bozen hat zwei völlig verschiedene Gesichter, je nachdem, ob man sich dem Zentrum über die Altstadt von Osten oder über die Neustadt von Westen her nähert. Das hat mit der Geschichte zu tun, und die lassen wir mit den Römern beginnen. Im Jahre 15 v. Chr. hat es hier eine Militärstation „Pons Drusi" gegeben, und spätere bajuwarische Herrscher errichteten das Castellum Bauzanum; von diesem dürfte der heutige Name stammen. Gestritten wurde um Bozen im Mittelalter zwischen den Tiroler und Eppaner Grafen, Meinhard II. hat es schließlich 1363 den Bischöfen von Trient entrissen und dabei weitgehend zerstört. Der neue Weg durch das Eisacktal, der Kuntersweg, brachte der Stadt aber einen schnellen Aufschwung, und vom Handel hat Bozen stets gelebt, denn politisch hat es immer im Schatten Merans gestanden. Erst 1919 wurde Bozen Hauptort und dann 1964 Bischofssitz. 1919 wurde Bozen dann zu „Bolzano", und die neuen Herren in Rom haben auch einen neuen Stadtteil gebaut und zur stetigen Erinnerung ein Siegesdenkmal hingestellt.

TIPP

Wirtshaus Vögele
Echte Bozner Wirtshaustradition erleben bei typischen und mediterranen Gerichten!

Goethestraße 3
I-39100 Bozen
Tel. 0471 973938
www.voegele.it
Täglich 9–1 Uhr geöffnet, So u. Feiertag geschlossen

Was kann man unternehmen?

Bozen ist gut zu erreichen. In Bahnhofsnähe und am Waltherplatz stehen drei Parkgaragen zur Verfügung, aber am besten ist ein Besuch von außen mit dem Zug zu arrangieren. Vom Eisacktal, von Süden her und von Meran fahren Züge im Taktverkehr. Ein ausgedehnter Rundgang durch die weitgehend verkehrsfreie Innenstadt lohnt der vielen Sehenswürdigkeiten wegen. Vom Bahnhof aus erreicht man den Waltherplatz, die gute Stube Bozens. Gleich links steht der Dom mit seinem unverkennbaren gotischen Turm. Am Dominikanerplatz sind die gleichnamige Kirche und der Kreuzgang zu besichtigen, dann folgt das Museum für Moderne Kunst, dessen neuer Sitz in der Dantestraße entsteht, oben an der Museumsstraße das „Ötzi"-Museum und in der Bindergasse das Naturmuseum, siehe Beschreibung bei Top „Museen" (S. 134, 136). Am oberen Ende des Obstmarktes, der schon Goethe in Erinnerung blieb, ist das Franziskanerkloster zugänglich. Über die Streitergasse kommt man am alten Fischmarkt vorbei zum Rathausplatz und zur Laubengasse, der Bozner Einkaufsmeile.

INFOBOX

TOP, weil Bozen die Hauptstadt der Sehenswürdigkeiten und Museen ist.

Mehr Infos:
Verkehrsamt
der Stadt Bozen
Tel. 0039 0471 307000
www.bolzano-bozen.it

Was muss man sehen?

Den Waltherplatz, den Dom, die Dominikanerkirche, das Ötzi-Museum, die Lauben, die Talferpromenade bis zum Schloss Maretsch, in Gries das Benediktinerstift Muri und in der Pfarrkirche den Pacheraltar (siehe Beschreibung bei Top „Sehenswürdigkeiten", S. 166) sowie Schloss Runkelstein (siehe Beschreibung bei Top „Schlösser und Burgen", S. 84). Und natürlich ein Besuch in einem traditionellen Gasthaus rund um den Obstmarkt.

Waltherplatz mit Dom

2 MERAN

GUTSCHEINE

für dieses Gebiet und Umgebung siehe Seiten **225 – 237**

DIE KURSTADT IM SÜDEN TIROLS – Die Grafen von Tirol sind aus dem Vinschgau gekommen und haben auf einem weinseligen Sandhügel ihre Burg errichtet und Meran zur Hauptstadt der Grafschaft Tirol gemacht. Damit war Meran in die Geschichte katapultiert. Dann haben die Herrschaften das Schloss Tirol (siehe Beschreibung bei Top „Schlösser und Burgen", S. 78) verlassen und sind nach Innsbruck übersiedelt, um in der Nähe ihrer gewinnbringenden Bergwerke zu sein. Meran ist in dieser Phase zu einem armen Städtchen verkommen. Im 19. Jahrhundert haben der weitblickende Bürgermeister Haller und die adelige Hautevolee aus Wien den reizenden Ort an der Passer als Kurstadt entdeckt, in der man wenig gekurt, aber sich dafür um so mehr amüsiert hat.

Das Kurhaus in Meran

Meran ist Kurstadt geblieben, und Gott sei's gedankt sind auch seine vielen Jugendstilgebäude wie z. B. das Kurhaus und das Stadttheater erhalten geblieben, aber auch Neues ist hinzugekommen: die Therme und der botanische Garten (Beschreibung bei Top „Sehenswürdigkeiten", S. 174).

INFOBOX

TOP, weil die alte Landeshauptstadt den Reiz und den Charme der Gründerzeit ausstrahlt und auch viel Neues zu sehen ist.

Mehr Infos:
Kurverwaltung Meran
Tel. 0039 0473 272000
www.meran.eu

Was kann man unternehmen?

Meran kann man zu Fuß so kennen lernen: Vom Thermenplatz über die Passer zur Promenade, am Kurhaus entlang, am Sandplatz durch das Bozner Tor hinauf zur Pfarrkirche zum hl. Nikolaus, über die obere Laubengasse hinunter und rechts zur Landesfürstlichen Burg. Hier beginnt rechter Hand der weite Serpentinenweg hinauf zum Tappeinerweg, ein Muss für jeden, der die mediterrane Vegetation und Meran von oben sehen will.
Den Tappeinerweg entlang bis zum Pulverturm, auf diesem Abschnitt gibt es Einkehrmöglichkeiten für ein Glas Küchelberger oder einen Cappuccino mit Aussicht. Abstieg über die Gilfpromenade und der Passer entlang zur Wandelhalle, über die Freiheitsstraße bis zum Theater und von dort zurück auf die Promenade. Auf der anderen Seite der Passer steht der neue Thermenkomplex, mit einem neuen Park, der zum Spaß im Wasser einlädt.

TIPP

Restaurant Kallmünz
Mediterrane Tradition, feine Küche, große Weinauswahl, 40 Weine glasweise, minimales Design im alten Gemäuer.

Sandplatz 12
I-39012 Meran
Tel. 0473 212917
www.kallmuenz.it
Mo Ruhetag

Was muss man sehen?

Die gotische Pfarrkirche und daneben die Barbarakapelle, die Landesfürstliche Burg, eine Art Stadtvilla für den Fürsten, mit schöner Einrichtung, die Lauben und die Wandelhalle mit den Bilderbuchlandschaften in Gemäldeform. Eine Abendveranstaltung im Kurhaus, wie z. B. die Meraner Musikwochen im August und September. Die Winterpromenade und die Gilf, mit ihrer reichen Bepflanzung. Die Spitalskirche am linken Passerufer, die neue Thermenanlage mit Frei- und Hallenbad. Über den „Sissiweg" erreicht man das Touriseum und die Gärten von Schloss Trauttmansdorff.

3 BRIXEN

GUTSCHEINE

für dieses Gebiet und Umgebung siehe Seiten **247 – 252**

DIE HEIMLICHE BISCHOFSSTADT – In Brixen residiert kein Bischof mehr. Dass hier aber einmal ein bedeutender Bischofssitz war, sieht man diesem Städtchen auf Schritt und Tritt an. Bereits 990 wird ein Bischofssitz errichtet, und schon 1027 steigt Brixen zu einem geistlichen Fürstentum auf. Wahrscheinlich wollten die deutschen Könige und Kaiser, die hier durchzogen, um sich nach Rom zu begeben, den Weg in sicheren Händen wissen. Bedeutende Persönlichkeiten prägten diese Stadt, wie der Kardinal Nikolaus Cusanus – beliebt war er nicht bei der Bevölkerung, hat er doch das Tanzen auf Hochzeiten verboten und außerdem hat er

Bischofsstadt Brixen mit Dom

sich auch mit dem Landesherrn Sigmund überworfen. Es war doch eine schwarze und konservative Stadt, was Wunder, dass gerade hier die Bauernkriege aufflammten – aber auch niedergeworfen wurden. Das geistliche und weltliche Machtzentrum hat nun auch wirtschaftlichen Segen gebracht, zur Schau gestellt wurde er von den hohen Herren in prächtigen Sakralbauten wie Dom und Kreuzgang, aber auch die Hofburg ist ein imposantes Gebäude. Im Kreuzgang sieht man eine fantasievolle Darstellung eines Elefanten, der Maler hat wahrscheinlich nie einen wirklichen gesehen. Gegeben hat es wohl einmal einen Elefanten, der hier durchgezogen ist und in Brixen eine längere Verschnaufpause eingelegt hat: Der Elefant Soliman war ein Hochzeitsgeschenk für Erzherzog Maximilian und eine Sensation für dieses Alpenstädtchen. Ein Wirt hat sein Haus zum „Elefanten" getauft.

INFOBOX

TOP, weil diese Stadt die wertvollsten sakralen Kunstwerke besitzt und ihren schönen Altstadtkern bewahrt hat.

Mehr Infos:
Tourismusverein Brixen
Tel. 0039 0472 836401
www.brixen.org

Was kann man unternehmen?

Einen Rundgang beginnt man am besten an einem der Parkplätze entlang der Durchzugsstraße. Von hier geht es dann Richtung Zentrum durch den Kleinen Graben. Rechts steht das Sonnentor, dahinter erstreckt sich die Altstadt. Der Weg führt zum Domplatz, mit Dom und Kreuzgang (siehe Beschreibung bei Top „Sehenswürdigkeiten", S. 158), daneben die Pfarrkirche St. Michael mit dem Weißen Turm, der zusammen mit den beiden Türmen des Doms, das Brixner Wahrzeichen ist. Weiter geht es nun zur Bischöflichen Hofburg, in der nach der Übersiedlung des Bischofs nach Bozen das Diözesanmuseum eingerichtet wurde. Anschließend empfiehlt sich ein Spaziergang durch die Großen Lauben oder eine Einkehr in eines der vielen historischen Gasthäuser.

Was muss man sehen?

Den Dom zu Brixen – ein barocker Prunkbau –, den Kreuzgang mit gotischem Bilderzyklus, die Bischöfliche Hofburg – ein Renaissancebau – mit ihrem einmaligen Krippenmuseum.

4 BRUNECK

GUTSCHEINE

für dieses Gebiet und Umgebung siehe Seiten **252 – 261**

DER HAUPTORT DES PUSTERTALS – Wenn man durch die Stadtgasse dieses Pustertaler Städtchens spaziert, sieht man sein spätmittelalterliches Antlitz, wie es wohl Michael Pacher gesehen haben könnte. Dieser ist zwar der berühmteste, aber nicht der einzige bedeutende Künstler dieser Stadt. Gegründet wurde der Ort um 1250 von Bischof Bruno aus Brixen, und zwar, um ein Gegengewicht zur weltlichen Macht des bedeutenderen St. Lorenzen gleich nebenan zu schaffen, das auch einen Besuch verdient. Einen Aufschwung hat Bruneck mit dem Handel in Nord-Süd-Richtung erfahren, hier haben sich geschäftige Handwerker niedergelassen, und es entstand ein wohlhabendes bürgerliches Örtchen mit Stadtrecht. Der Bildhauer Michael Pacher war ein Sohn dieser Stadt. Er ist weit gereist, aber hier ist von ihm wenig zu sehen. Bewegte Zeiten hat die Rienzstadt während der Bauernkriege und in der Reformationszeit erlebt. Jakob Hutter, der Gründer der nach ihm benannten Religionsgemeinschaft, stammt aus der Gegend (St. Lorenzen), wurde aber wenig geduldet und musste mit den Seinen bis nach Amerika flüchten, wo es diese Kirche heute noch gibt.

Was kann man unternehmen?

Den Stadtrundgang beginnt man am besten am Ursulinentor im Westen. Hier in die verkehrsfreie Stadtgasse, wo gleich links die Ursulinenkirche mit einem gotischen Flügelaltar steht. Geht man die Stadtgasse entlang, sollte man einen Blick auf die Fassaden werfen, mit ihren Zinnengiebeln, den Erkern und Portalen (das Haus Nr. 29 war das Wohnhaus des Michael Pacher). Durch das Oberragentor gelangt man am Ansitz Sternbach vorbei, zur Pfarrkirche. Dieses Bauwerk der Neoromanik muss nicht gefallen, aber es sucht seinesgleichen in Südtirol und wurde von einem k. k. Baudirektor aus Wien geschaffen. Bedeutend ein Kruzifix, das aus der Werkstatt des bekannten Bildhauers Michael Pacher stammen soll. Über die Brücke zurück zum neuen Stadtmuseum. Das Schloss Bruneck kann man nur von außen betrachten, aber ein Spaziergang zum Waldfriedhof ist für jene interessant, die wissen möchten, wer an der Dolomitenfront für Österreich gefallen ist.

INFOBOX

TOP, weil das malerische Städtchen das Herz und die Seele des Pustertals ist.

Mehr Infos:
Tourismusverein Bruneck
Tel. 0039 0474 555722
www.bruneck.com

Was muss man sehen?

Den Graben – Brunecks Hauptstraße –, die Stadtgasse, die Pfarrkirche zu Unserer lieben Frau, den Waldfriedhof, das neue Rathaus mit Dachgarten, das Volkskundemuseum (siehe Beschreibung bei Top „Museen", S. 142) und den Kronplatz (siehe Beschreibung bei Top „Panoramen", S. 190).

Der Graben, Brunecks Hauptstraße

5 STERZING

GUTSCHEINE

für dieses Gebiet und Umgebung siehe Seiten **247 – 252**

TIPP

Tourismusverein Sterzing
Highlights: Joghurttage im Juli, Laternenpartys Juli–Aug., Knödelfest am 2. Sonntag im Sept., „Roter Teppich" – Mode-Musik-Leckerbissen Sept.–Okt., Weihnachtsmarkt.

Stadtplatz 3
I-39049 Sterzing
Tel. 0039 0472 765325
www.sterzing.com

DAS FUGGERSTÄDTCHEN IM WIPPTAL – Die erste Stadt gleich hinterm Brenner besteht zwar fast nur aus einer Straße, aber die hat es in sich, kündet sie doch vom einstigen Reichtum. Dieser Ort am Brennerweg war schon den Römern wichtig, sie errichteten die Militärstation Vipitenum, um die Handels- und Militärstraße Via Claudia Augusta zu schützen. Im Mittelalter muss Sterzing Ziel von Pilgern gewesen sein, das Wappen mit dem Tiroler Adler stellt unzweifelhaft einen solchen dar. Im 15. und im 16. Jahrhundert erlebte diese Stadt eine wirtschaftliche Blüte durch den Bergbau. Die Fugger aus Augsburg hatten die Schürfrechte für den Silber- und Bleiabbau, und die Bergknappen kamen aus halb Europa. Das hat Sterzing zu einer der reichsten Städte in Tirol gemacht. In der Hauptstraße ist dieser Reichtum an den Häusern mit den auffallenden Erkern, Portalen und Innenhöfen noch gut sichtbar. Mit dem Ende dieser Blütezeit ist Sterzing wieder ein ganz normaler Ort geworden, wo man Handel treibt, aber auch mit Ackerbau und Viehzucht zu leben versucht. Der Bergbau im nahen Ridnaun wurde noch bis Mitte des 20. Jahrhunderts betrieben (siehe Beschreibung bei Top „Museen", S. 140).

Was kann man unternehmen?

Ein Stadtbummel führt natürlich durch die verkehrsfreie Hauptstraße, die oben mit dem Zwölferturm beginnt. Die nahe Kapuzinergasse führt zum Jöchlthurn, ein alter Stadtturm, der auch Gerichtsitz war. In der Hauptstraße steht das Rathaus mit seinem auffallenden gotischen Erker. Das stattliche Gebäude wurde Ende des 15. Jahrhunderts erbaut, im Inneren befinden sich größtenteils getäfelte Räume mit Balkendecken aus der Spätgotik und auch aus der Renaissance. Die Pfarrkirche Maria im Moos besitzt das größte Kirchenschiff in Südtirol. Gleich nebenan das Deutschordenshaus mit dem

Stadt- und Multschermuseum (siehe Beschreibung bei Top „Sehenswürdigkeiten", S. 170). Man kann von Sterzing mit der Seilbahn auf den Rosskopf fahren (siehe Beschreibung bei Top „Panoramen", S. 180) oder die Burg Reifenstein besichtigen, die südlich der Stadt auf einem Felssporn steht.

INFOBOX

TOP, weil das Fuggerstädchen vom historischen Bergbau erzählt.

Mehr Infos:
Tourismusverein Sterzing
Tel. 0039 0472 765325
www.sterzing.com

Was muss man sehen?

Die ehemalige Johanniskirche – heute ein Gastbetrieb –, den Zwölferturm – das Wahrzeichen der Stadt Sterzing –, das Rathaus, den Jöchlthurn, die Pfarrkirche und das Deutschordenshaus mit dem Multscheraltar.

Sterzing – Altstadt mit Zwölferturm

6 KLAUSEN

GUTSCHEINE

für dieses Gebiet und Umgebung siehe Seiten **247 – 252**

DIE KÜNSTLERSTADT – Nomen est omen: Wie ein künstlicher Engpass, eine sogenannte Klause, sitzt dieses Städtchen zwischen dem Eisack und dem Thinnebach; die Hochwassermarke an der Pfarrkirche erzählt eine Geschichte zu dieser schicksalhaften Verbindung. Die geschichtliche Bedeutung ist eng mit dem Bischofssitz verbunden, der um 990 auf dem Säbener Felsen errichtet wurde. Darunter entwickelte sich eine Stadt, in der alles schmal und dicht aneinander gereiht ist. Bürgerhäuser und Gasthäuser stehen gedrängt in den Gassen, die vielen geschmiedeten Wirtshausschilder sind ein Zeugnis, dass man hier kräftig eingekehrt ist. Albrecht Dürer ist auf seiner Italienreise da gewesen, die Ansicht und das hoch gelegene Kloster Säben haben ihn wohl so mächtig beeindruckt, dass er sie im Kupferstich „Das große Glück" verewigt hat. Walther von der Vogelweide, von dem die Südtiroler behaupten, dass er vom nahen Lajener Ried stamme, hat den Ort schwärmerisch verehrt, beide zusammen haben Klausens Ruf als Künstlerort begründet, von dem es heute noch zehrt. Dass Klausen auch eine Bergwerksstadt war, ist hingegen fast vergessen, weil es das Werk in der Thinnebach-Schlucht schon lange nicht mehr gibt.

TIPP

Hotel Bischofhof und Restaurant Vital Jasmin
Kreative Vital-Küche
1 Michelin-Stern
Reservierung erforderlich

Griesbruck 4
I-39043 Klausen
Tel. 0039 0472 847448
www.bischofhof.it
Anf. Dez. bis Okt. geöffnet
Restaurant Di Ruhetag

Was kann man unternehmen?

Klausen hat ein mittelalterliches Zentrum, das man durch das Säbener Tor betritt. Ein Stadtbummel sollte nicht nur in die Gasthäuser führen, sondern auch zur Pfarrkirche. Wer den Loretoschatz sehen möchte, muss ins Stadtmuseum im Süden von Klausen pilgern, das im aufgelassenen Kapuzinerkloster seine Bleibe gefunden hat.

Empfehlenswert ist ein halbstündiger Aufstieg zum bedeutenden Kloster Säben, das hoch über Klausen in beherrschender Lage thront. Der Felshügel, auf dem der ganze Komplex steht, war schon in der Jungsteinzeit besiedelt. Die weltabgeschieden lebenden Benediktinerinnen gewähren allerdings wenig Einblick in die große Anlage, aber die Heiligkreuzkirche ist sehenswert.

Was muss man sehen?

Den Loretoschatz des Pater Gabriel im Stadtmuseum, den Pflasterweg, der von Klausen über die Burg Branzoll zum Kloster Säben führt.

INFOBOX

TOP, weil das Städtchen für Romantiker wie geschaffen ist und sich dem Trubel weitgehend entzogen hat.

Mehr Infos:
Tourismusverein Klausen
Tel. 0039 0472 847424
www.klausen.it

Das Kloster Säben hoch über der Altstadt von Klausen

7 GLURNS

GUTSCHEINE

für dieses Gebiet und Umgebung siehe Seiten **220 – 224**

SÜDTIROLS KLEINSTE STADT – Das kleine Städtchen sieht eher wie ein vergessener Ort aus, und wenn man es als urbanes Kleinod bezeichnet, müssen die Bewohner dieser Gegend eher schmunzeln, denn die Glurnser sind eben keine Städter, sondern Bauern. Aber die Geschichte des Ortes bezeugt seine wirtschaftliche und strategische Bedeutung bereits im frühen Mittelalter: 1223 wurde Glurns zum landesfürstlichen Gericht erhoben, und damit war ein Gegengewicht zu den Churer Bischöfen geschaffen, mit denen man

Glurns, die kleinste Stadt Südtirols

schon immer zu zanken hatte. 1304 erhielt es die Stadtrechte und es erfolgte eine rasche Entwicklung zur blühenden Handelsstadt, beispielsweise durch den ertragreichen Salzhandel mit der Lombardei. Unter den Handelsniederlassungen in Glurns haben auch die Fugger aus Augsburg nicht gefehlt. Im Engadiner Krieg wurde 1499 das habsburgische Heer im nahen Calvenwald von den Engadinern aus der Schweiz vernichtend geschlagen, Plünderungen und Brandschatzungen im ganzen Vinschgau waren die Folge. Glurns wurde zwar wieder aufgebaut, aber die wirtschaftlichen und politischen Schwerpunkte verlagerten sich und das Städtchen versank im Dornröschenschlaf und ist uns deshalb auch so gut erhalten geblieben. Dieser malerische Charme des „Bauernstädtchens" hat aber seinen Preis, die mangelnde Entwicklung hat ihm auch Züge der Armut gegeben. Vorbildliche Restaurierungen in den siebziger Jahren haben es wieder zu dem gemacht, was wir heute sehen: ein spätmittelalterliches Gesamtkunstwerk. Der international bekannte Künstler Paul Flora ist ein Sohn dieser Stadt, im nahegelegenen Laatsch kann man auch einiges von ihm kaufen.

INFOBOX

TOP, weil es die besterhaltene Stadtanlage mit einer vollständig erhaltenen Stadtmauer ist.

Mehr Infos:
Tourismusverein Glurns
Tel. 0039 0473 831097
www.vinschgau.is.it

Was kann man unternehmen?

Ein Stadtrundgang hat den Vorteil, dass man sich hier nicht verlaufen kann: Nach wenigen hundert Metern gelangt man jeweils an die Stadtmauer. Der beste Ausgangspunkt ist der Stadtplatz am westlichen Ende mit den zwei Gasthäusern. Von hier aus geht es dann durch die Laubengasse hinunter. In der Floragasse ist im restaurierten Ansitz Hendelspurg das Rathaus untergebracht. Den besten Blick auf das Städtchen hat man vom Tartscher Bühel aus, dort steht auch die weithin sichtbare romanische Kirche St. Veit.

Was muss man sehen?

Den Stadtplatz, die Laubengasse, das Rathaus und außerhalb der Stadtmauern die spätgotische Kirche St. Pankraz.

TIPP

Hotel Gasthof Grüner Baum ***

Designerhotel in uralten Mauern, satiniertes Glas, nebbiafarbenes Leder begleiten durchs Haus und auf die alles überblickende Dachterrasse.

Stadtplatz 7, I-39020 Glurns
Tel. 0039 0473 831206
www.gasthofgruenerbaum.it

8 KALTERN

GUTSCHEINE

für dieses Gebiet und Umgebung siehe Seiten **241 – 245**

DAS WEINDORF – Das Weindorf Kaltern liegt, wie könnte es anders sein, mitten in einer Rebenlandschaft, die das ganze Überetsch prägt. Kaltern liegt an der „Südtiroler Weinstraße", die, von Bozen kommend, alle Weinorte bis Salurn verbindet. Aber das Dorf oder besser gesagt die Marktgemeinde hat natürlich noch andere Vorzüge: So sind hier die schönen alten Gassen und Häuser erhalten geblieben, mit ihren Innenhöfen, da und dort ein kleiner Laden, eine Weinschenke oder ein einfaches Gasthaus. Kaltern ist natürlich vom Weinanbau geprägt, das ist kaum zu übersehen. Wenn man von Norden kommend ins Dorf einfährt, stehen die großen Kellereien wie zum Empfang bereit und laden zum Verkosten und zum Kaufen ein, schließlich ist der „Kalterersee"-Wein hier zu Hause. Wein war früher gleichbedeutend mit Reichtum, und deshalb sieht man so manche herrschaft-

Blick auf den Dorfkern von Kaltern

liche Baulichkeit. Die vielen Burgen und Ansitze rund um Kaltern sind ein weiteres Zeugnis dieses Reichtums. Klöster und Adelige haben in der Vergangenheit versucht sich hier einzukaufen, um in den Genuss des edlen Rebensaftes zu kommen oder mit ihm Handel zu treiben.

INFOBOX

TOP, weil dieser Ort das Flair eines Südtiroler Weinmarktes ausstrahlt und reich ist an Häusern im Überetscher Baustil.

Mehr Infos:
Tourismusverband
Kaltern am See
Tel. 0039 0471 963169
www.kaltern.com

Was kann man unternehmen?

Einen Rundgang durch das Dorf beginnt man am besten vom zentralen Parkplatz hinunter zum Marktplatz mit seinen Cafés und dem Brunnen mit Mariensäule, und auch die klassizistische Pfarrkirche verdient einen Besuch. Die verkehrsfreie Marktgasse nun hinaus zum Weinmuseum (siehe Beschreibung bei Top „Museen", S. 144). Altes Gerät, aber auch schöne alte Gläser und eine mächtige Torggl (Weinpresse) sind dort zu sehen. Weinliebhaber werden sich in einer der großen Kellereien zu einer Kellerbesichtigung oder Verkostung verführen lassen. Wer glaubt, es gebe hier nur „Kalterersee" zum Verkosten, wird sich eines Besseren belehren lassen und eine Vielfalt an Sorten entdecken. Verkosten und kaufen kann man natürlich auch in verschiedenen Weinläden im Dorf. Ins nahe Altenburg kommt man zwar auch mit dem Auto, aber vom Parkplatz der Sportzone beginnt auch ein empfehlenswerter Wanderweg durch den Mischwald, der zum Weiler hinausführt. Die Ruine des Kirchleins St. Peter ist auf schmalem Pfad erreichbar und bietet einen weiten Rundblick. Der Weinweg steht in vier Varianten zur Auswahl, dazu gibt es eine eigene Karte beim Tourismusverein. Einen Abstecher zum Mendelpass kann man mit der Standseilbahn von St. Anton aus oder mit dem Auto auf der kurvenreichen Passstraße machen und bis zum Penegal fortsetzen.

Was muss man sehen?

Den Marktplatz, die Marktgasse, die Pfarrkirche, das Weinmuseum, eine Kellereigenossenschaft, Altenburg, den Mendelpass und den Penegal.

9 SEXTEN

GUTSCHEINE

für dieses Gebiet und Umgebung siehe Seiten **252 – 261**

DER ORT MIT DER STEINERNEN SONNENUHR – Dieser Ort ist ein Muss schon wegen der „Sextener Sonnenuhr": Die Gipfel im Süden sind nach dem Sonnenstand benannt, deshalb brauchen die Bauern auch keine Taschenuhr. Dieses abgeschiedene Bergdorf hat sich nicht erst durch den Fremdenverkehr entwickelt, die Sextener waren schon als Hutmacher, Steinmetze und Händler tätig und haben dadurch eine gewisse Weltoffenheit gewonnen. Die Bergführerdynastie der Innerkofler brachte die ersten Hochgebirgstouristen auf die Dolomitengipfel. Im Ersten Weltkrieg hatte dieser Ort ein arges Schicksal zu meistern, die Dolomitenfront verlief unmittelbar im Süden über Gipfel und Grate, die italienische Artillerie hat den ganzen Ort in Schutt und Asche geschossen. Der Wiederaufbau hat sich als Glücksfall erwiesen: Künstler und Architekten wurden ins Tal geholt, so schuf der Südtiroler Künstler Rudolf Stolz die Deckengemälde der neuen Pfarrkirche, und am Friedhof entstand der Freskenzyklus „Totentanz". Der Architekt Clemens Holzmeister hat in den dreißiger Jahren mit dem Hotel „Drei Zinnen" eine vorbildliche Hotelarchitektur geschaffen.

Was kann man unternehmen?

Der Ort gliedert sich in Sexten-Dorf, Moos und Fischleintal, als Wintersportort verfügt er auch über Seilbahnen, die schnell in die Höhe führen und das Wandern erleichtern, so auf den Helm und zu den Rotwandwiesen. Von beiden aus kann man ausgedehnte Wanderungen unternehmen oder auch noch höher steigen. Ein absolutes Muss ist das Fischleintal, das bereits ab dem Dolomitenhof verkehrsfrei ist und zu einem Spaziergang zur Talschlusshütte einlädt. Der Bergwanderer wird von dort eine Tour über die Zsigmondy-Comici-Hütte oder durch das Altensteintal zur Dreizinnenhütte unternehmen und eine der gewaltigsten Dolomitenkulissen bestaunen, die Südtirol zu bieten hat. Der einfachste Weg zu den Drei Zinnen ist bei Top „Landschaften" beschrieben (S. 30). Verwegene Felsgeher können zwischen mehreren Klettersteigen auswählen; der bekannteste davon ist der Alpinisteig, der schon im Ersten Weltkrieg entstanden ist.

INFOBOX

TOP, weil dieses Dolomitendorf viel malerisches Hochgebirge bietet.

Mehr Infos:
Tourismusverein Sexten
Tel. 0039 0474 710310
www.sexten.it

Was muss man sehen?

Die Pfarrkirche, die Friedhofskapelle mit den Fresken „Totentanz" von Rudolf Stolz, entstanden unter dem Eindruck des Krieges. Dem Maler ist auch ein kleines Museum gewidmet. Das Fischleintal, die Rotwandwiesen und den Helm (siehe Beschreibung bei Top „Panoramen", S. 192).

Sexten-Dorf

10 KASTELRUTH UND SEIS

GUTSCHEINE

für dieses Gebiet und Umgebung siehe Seiten **245 – 246**

ZWEI DÖRFER UNTERM SCHLERN – Die Gemeinde heißt Kastelruth, besteht aber aus zwei Dörfern, die unterm Schlern streiten, welches das schönere ist. Der italienische Name (Castelrotto) verdeutlicht, dass es in der Gegend ein zerstörtes Schloss gegeben haben muss, und tatsächlich gibt es sogar mehrere davon. Auf dem Waldhügel hinter dem Dorfzentrum von Kastelruth lag eine Burg, die römischen oder langobardischen Ursprungs gewesen sein muss; auf ihren Überresten wurde 1200 die Burg Kastelruth errichtet, die aber die Zeiten ebenfalls nicht überdauert hat. In Seis liegt direkt unterm Schlern ein „castel rotto", also eine Ruine, wo einst der

Kastelruth mit Schlern

Minnesänger Oswald von Wolkenstein gehaust hat. Beide Dörfer liegen in einer herrlichen Mittelgebirgslandschaft der Dolomiten, die vom Schlern und insbesondere von der Santnerspitze geprägt wird. Kastelruth ist ein kompaktes Dorf, Seis hingegen weitläufig mit Villen besiedelt, die aus der Zeit der vorletzten Jahrhundertwende stammen und von berühmten „Sommerfrischlern" erbaut wurden. In diesen Dörfern ist auch einiges los, so die Bauernhochzeit im Januar, der Oswald-von-Wolkenstein-Ritt – ein Reiterwettbewerb für Mannschaften – im Juni, das Kastelruther Spatzenfest, das die populäre Musikgruppe im Oktober veranstaltet.

INFOBOX

TOP, weil die beiden Dörfer Kastelruth und Seis zu den beliebtesten Ausflugzielen gehören.

Mehr Infos:
Tourismusverein Kastelruth
Tel. 0039 0471 706333
www.kastelruth.com

Was kann man unternehmen?

In Kastelruth sollte man den Dorfspaziergang auf den Kofel ausweiten, auf dem einst das „castelruth" stand und in dessen Bergfried heute die Kofelkapellen stehen. Diese Anhöhe ist über einen Kreuzweg mit Stationen vom Dorfplatz aus zu erreichen und bietet einen fotogenen Ausblick auf den Ort und den darüber aufragenden Schlern.
In Seis sollte man unbedingt den kurzen Aufstieg zur Ruine Hauenstein unternehmen, wo einst der Wolkensteiner seine Tage mit der Familie verbrachte, wenn er nicht gerade auf Reisen oder im Gefängnis war. Man kann von hier aus weiter zum Völser Weiher wandern, einem schönen Waldsee mit Gasthaus. Die Seiser Alm ist einen eigenen Ausflug wert, dorthin sollte man unbedingt von Seis aus mit der neuen Seilumlaufbahn fahren (siehe Beschreibung bei Top „Landschaften", S. 20).

Was muss man sehen?

Dorfplatz und Pfarrkirche in Kastelruth, den Kofel mit den Kapellen. In Seis den Ausblick vom Kirchlein St. Valentin, das innen wie außen mit Wandmalereien geschmückt ist, diese Fresken werden der Bozner Schule zugeordnet und stammen aus dem 14. bis 16. Jahrhundert.

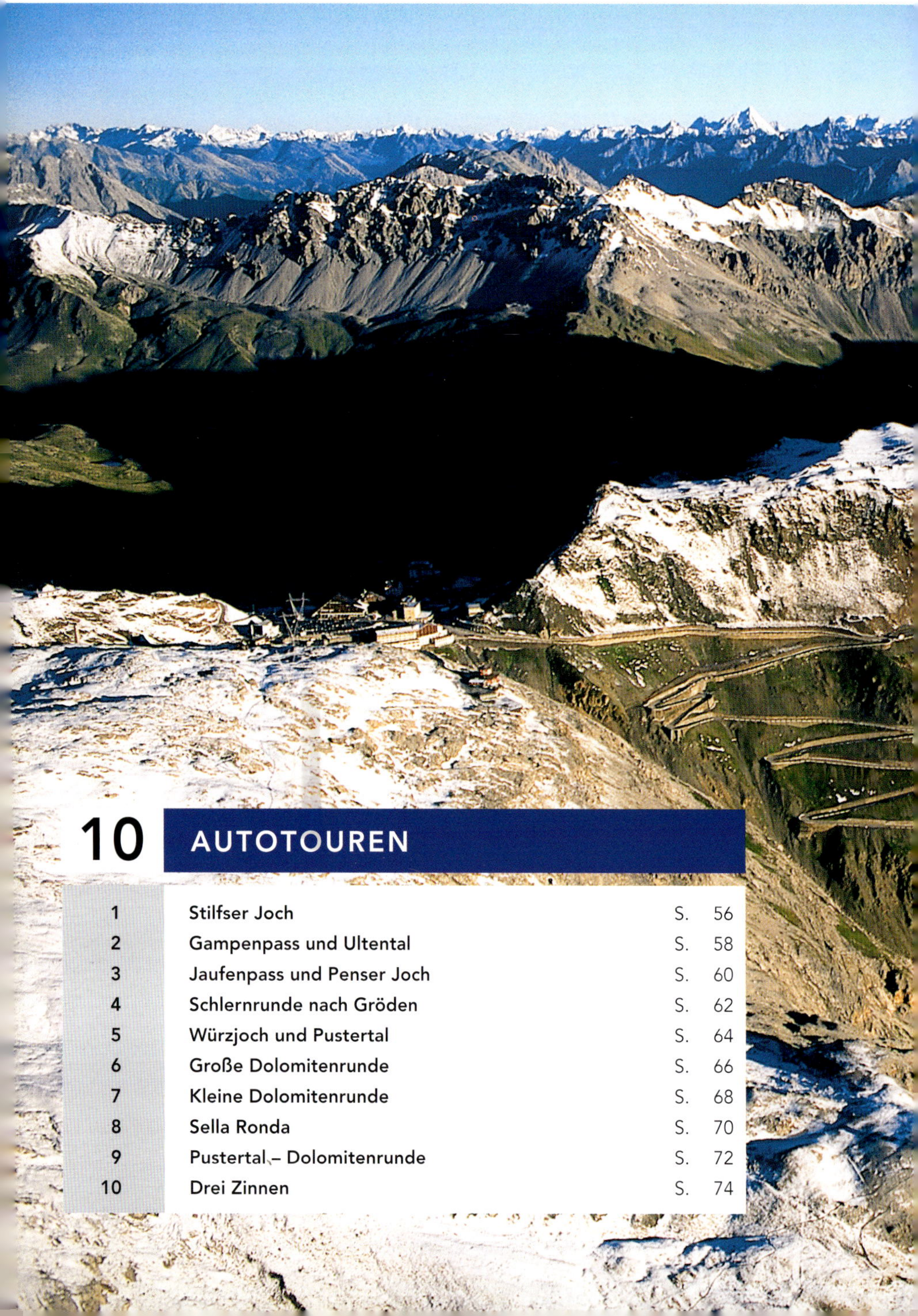

10 AUTOTOUREN

Stilfser Joch

1 STILFSER JOCH

GUTSCHEINE

für dieses Gebiet und Umgebung siehe Seiten **220 – 224**

TOUR ÜBER DAS STILFSER JOCH – Die Passstraße wurde bereits 1825 eröffnet und nicht zu touristischen Zwecken gebaut, sondern aus strategischen Gründen. Die Militärstraße wurde später sogar überdacht und den ganzen Winter über offen gehalten, um eine Verbindung in die Valtellina zu garantieren. Das Stilfser Joch hat dem Italienischen Nationalpark den Namen gegeben, der sich auch auf die Valtellina und auf das schweizerische Graubünden erstreckt.

Wo beginnt die Tour?

Spondinig im Vinschgau, höchster Punkt ist das Stilfser Joch, 2757 m.

Welche Strecke legt man zurück?

Die Straße führt zunächst nach Prad und über Gomagoi nach Trafoi, ab hier beginnt die eigentliche Passstraße, die mit 48 Kehren auf das Joch führt. Von Spondinig aufs Stilfser Joch sind es 27,5 Kilometer. Die Abfahrt führt über den Umbrailpass, 2502 m, und rechts hinunter, zuerst nach Santa Maria, dann nach Taufers im Münstertal und über Laatsch bei Mals nach Glurns. Die Straße auf das Stilfser Joch ist fahrerisch eine Herausforderung. Die gesamte Rundtour ist 74 Kilometer lang.

Was muss man sehen?

In Trafoi ist für Naturfreunde das neue Nationalparkhaus zu besichtigen. Oder man fährt mit dem Lift zum Kleinboden (Aussicht auf den Ortler). Auf der Franzenshöhe empfiehlt sich ein Fotostopp, und auf der Passhöhe sollte man den kurzen Aufstieg zur Dreiländerspitze mit dem gleichnamigen Gasthaus wagen. Für Kunstinteressierte empfiehlt sich von

Santa Maria aus ein Abstecher in das schweizerische Müstair, vor Ortsbeginn steht direkt an der Straße das Benediktinerkloster St. Johann mit seinem karolingischen Freskenzyklus und romanischen Wandmalereien. Ein unbedingtes Muss ist ein Stopp in Glurns, siehe Beschreibung bei Top „Städte und Dörfer" (S. 46).

> **INFOBOX**
>
> **TOP,** weil diese Tour über den höchsten Pass der Ostalpen führt.
>
> **Mehr Infos:**
> Verkehrsmeldezentrale
> Tel. 0039 0471 200198
> www.provinz.bz.it/vmz

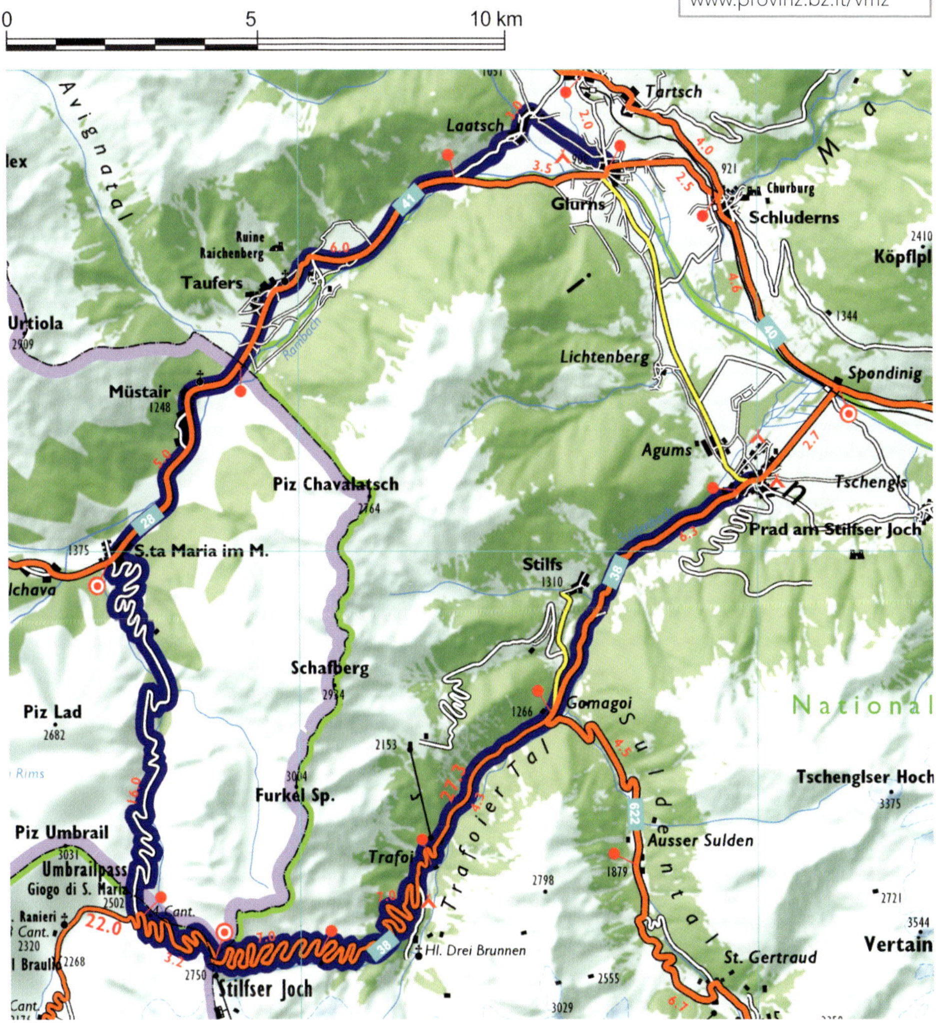

2 GAMPENPASS UND ULTENTAL

GUTSCHEINE

für dieses Gebiet und Umgebung siehe Seiten **225 – 237**

TOUR ÜBER DEN GAMPENPASS INS ULTENTAL – Rundtour über zwei Pässe. Die Runde führt über das Tisner Mittelgebirge hinauf zum Gampenpass, weiter nach Fondo, das bereits zum Trentino gehört, und hinein nach Laurein und Proveis, zu den deutschsprachigen Gemeinden des Nonsbergs – oder Val di Non, wie es italienisch heißt. Von Proveis aus hat das Land Südtirol eine kürzere Verbindung ins Ultental gebaut. Die beiden Gemeinden waren früher eher schlecht als recht zu erreichen, und ihre Abgeschiedenheit hat diesen kleinen Orten einen sehr idyllischen ländlichen Charakter bewahrt.

Wo beginnt die Tour?

Ausgangspunkt der Gampenstraße ist Lana, das über die Schnellstraße Meran–Bozen („MeBo") und die Ausfahrt Lana/Gampenpass zu erreichen ist.

Welche Strecke legt man zurück?

Von Lana auf den Gampenpass, 1518 m, über St. Felix nach Fondo, Castelfondo und Laurein nach Proveis. Weiter über die neue Straßenverbindung ins Ultental über das Castrinjoch. Gesamtlänge der Tour: 95 Kilometer.

Was muss man sehen?

Die Halbtagestour bietet viele Möglichkeiten für kleine Abstecher. Man kann das Hügelkirchlein St. Hippolyth besuchen. Von dieser urzeitlich besiedelten Felskuppe hat man einen grandiosen Tiefblick auf das Etschtal. Gleich nach dem Tunnel vor Tisens kann man rechts parken und in 20 Minuten das Ziel erreichen. Die Cloz-Alm (Malga Cloz) befindet sich am Scheitelpunkt zwischen Nonsberg und Ultental und ist von der Straße aus in einer Viertelstunde zu erreichen. Das Auto parkt man vor Beginn des Scheiteltunnels, der Weg ist ausgeschildert.

Die Straße erreicht hinter St. Pankraz das Ultental, das bei Lana ins Etschtal mündet. Ab hier empfiehlt sich ein Abstecher ins hintere Ultental bis St. Gertraud.

INFOBOX

TOP, weil diese Tour in eine besonders ruhige Ecke Südtirols führt.

Mehr Infos:
Verkehrsmeldezentrale
Tel. 0039 0471 200198
www.provinz.bz.it/vmz

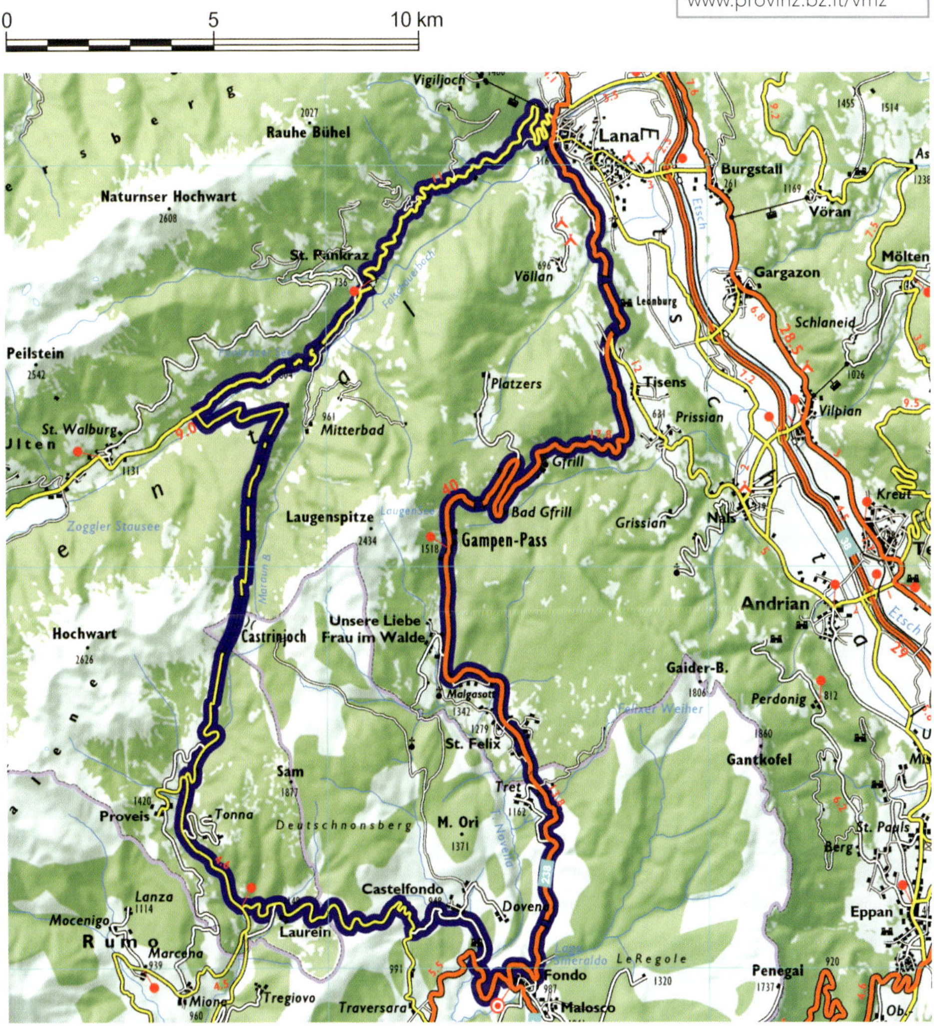

3 JAUFENPASS UND PENSER JOCH

GUTSCHEINE

für dieses Gebiet und Umgebung siehe Seiten **225 – 237, 249 – 252 und 225 – 237**

TOUR ÜBER DEN JAUFENPASS UND DAS PENSER JOCH – Diese sportliche Tour führt über zwei Pässe durch zwei typische Bergtäler Südtirols, das Passeier- und das Sarntal, denen beiden eine gewisse Ursprünglichkeit erhalten geblieben ist.

Das Sarntal liegt im Herzen des Landes, ist aber vom Fremdenverkehr am wenigsten berührt und eigentlich einen eigenen Ausflug wert.

Wo beginnt die Tour?

Start ist in Meran auf 350 Meter; am Jaufenpass erreicht man 1990 Meter, am Penser Joch 2214 Meter.

Welche Strecke legt man zurück?

Von Meran fährt man zunächst ins Passeiertal; in St. Leonhard folgt man der Abzweigung zum Jaufenpass. Vor Sterzing geht es rechts ab zum Penser Joch. Die Tour durchquert das ganze Sarntal, führt durch Bozen/Gries und weiter nach Terlan; von dort geht es auf der Schnellstraße Meran–Bozen („MeBo") zum Ausgangspunkt zurück. Die Gesamtlänge der Tour beträgt: 155 Kilometer.

Was muss man sehen?

Von Saltaus, gleich hinter Meran, führt die Hirzer-Seilbahn auf fast 2000 Meter in ein herrliches Wandergebiet; vor St. Leonhard steht an der Straße der Sandwirt, Andreas Hofers Geburtshaus, mit Museum und Gedächtniskapelle. Vor Sterzing lohnt ein kurzer Abstecher (3 km) nach Mareit zum Renaissanceschloss Wolfsthurn mit dem Jagdmuseum oder zum Bergbaumuseum, siehe Beschreibung bei Top „Museen" (S. 140). Zu Sterzing siehe Beschreibung bei Top

„Städte und Dörfer" (S. 42). Im Sarntal empfiehlt sich eine Einkehr in Bad Schörgau. Am Ende des Sarntals steht linker Hand das Schloss Runkelstein, siehe Beschreibung bei Top „Burgen und Schlösser" (S. 84).

INFOBOX

TOP, weil diese Tour die klassische im Herzen Südtirols ist.

Mehr Infos:
Verkehrsmeldezentrale
Tel. 0039 0471 200198
www.provinz.bz.it/vmz

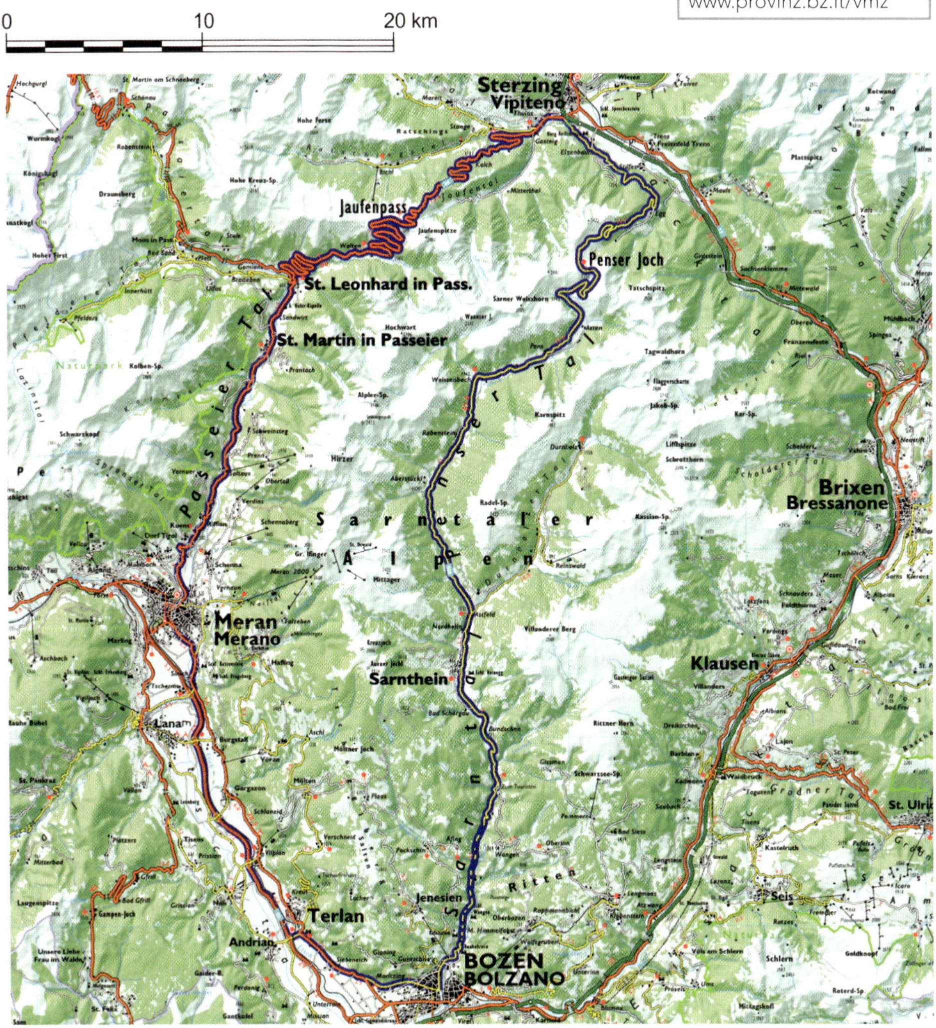

4 SCHLERNRUNDE NACH GRÖDEN

GUTSCHEINE

für dieses Gebiet und Umgebung siehe Seiten **237 – 240 und 245 – 246**

TOUR INS SCHLERNGEBIET – Diese kurze Rundtour führt in das Schlerngebiet und über den Panidersattel nach Gröden. Die Höhenstraße von Völs nach Kastelruth ist ein landschaftliches Erlebnis.

Wo beginnt die Tour?

Bozen ist der Ausgangspunkt, der Panidersattel eher eine Anhöhe als ein Pass.

Welche Strecke legt man zurück?

Von Bozen ins Eisacktal, bei Blumau Tunnelabzweigung in das ausgeschilderte „Schlerngebiet". Zunächst hinauf nach Völs, dann auf der Höhenstraße nach Seis und Kastelruth und über den Panidersattel gemächlich hinunter nach St. Ulrich in Gröden. Zurück über das Eisacktal nach Bozen. Gesamtlänge der Runde: 74 Kilometer.

Was muss man sehen?

Auf dieser kurzen Rundtour durchfährt man die Orte Seis und Kastelruth, siehe Beschreibung bei Top „Städte und Dörfer" (S. 52). Die Rückfahrt führt über St. Ulrich, wo man am Museum „Gherdeina" vorbeikommt, siehe Beschreibung bei Top „Museen" (S. 152).
Schloss Prösels, von Völs aus erreichbar, ist auf alle Fälle einen Abstecher wert. Um sich von der kurvenreichen Anfahrt nach Völs auszurasten, sollte man das Auto in Völs parken und zum Schloss hinwandern.
Die Seiser Alm wiederum, die größte zusammenhängende Hochfläche Europas, ist ein Muss! Diesem Naturspektakel sollte man einen ganz Tag widmen. Bequeme und ausgezeichnet beschilderte Wanderwege durchqueren die Berg-

wiesen, während die zum Greifen nahe Langkofelgruppe und der Schlern den Wanderer begleiten. Urige Hütten und Berggasthöfe laden immer wieder zum Einkehren ein.
Von der Ortschaft Seis aus ist die Alm-Hochfläche ganz einfach mit der Kabinenbahn erreichbar, siehe Beschreibung bei Top „Landschaften" (S. 20).

INFOBOX

TOP, weil es die gemütliche Tour in die Dolomiten ist.

Mehr Infos:
Verkehrsmeldezentrale
Tel. 0039 0471 200198
www.provinz.bz.it/vmz

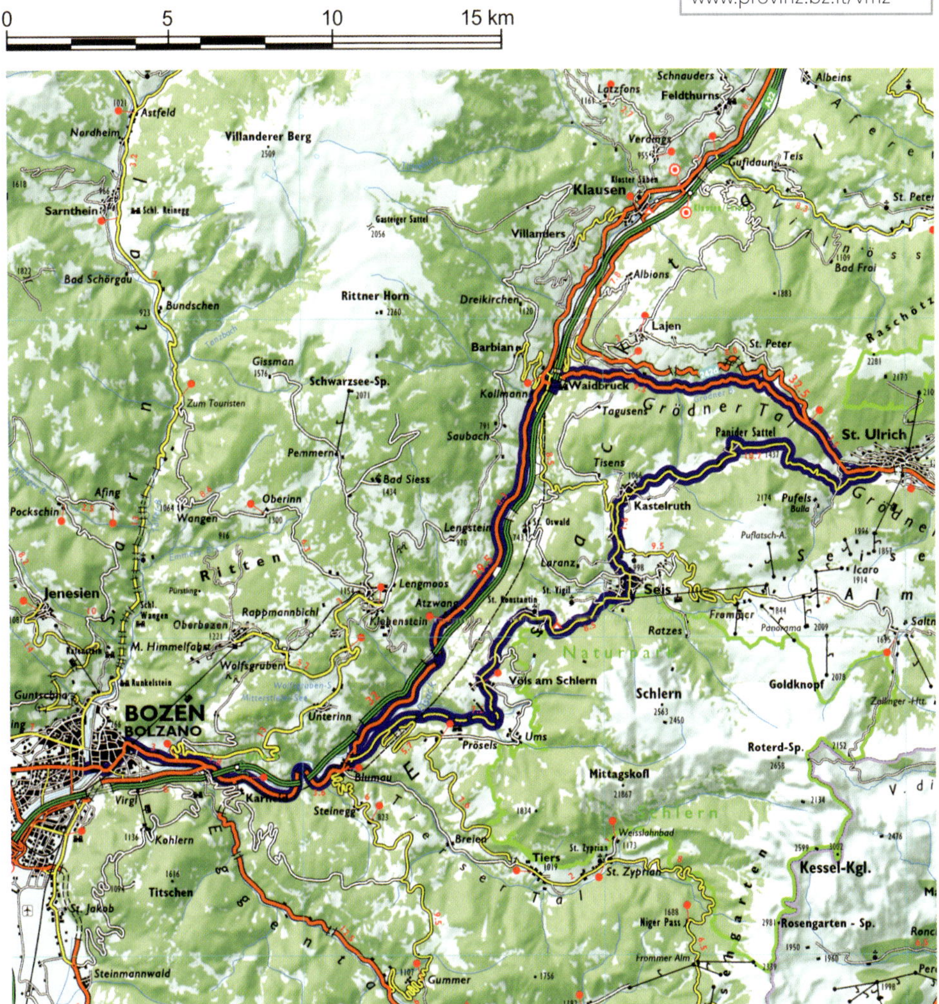

5 WÜRZJOCH UND PUSTERTAL

GUTSCHEINE

für dieses Gebiet und Umgebung siehe Seiten **247 – 252 und 252 – 261**

TOUR ÜBER DAS WÜRZJOCH INS PUSTERTAL – Die Rundtour führt von Brixen in die Dolomiten und über das untere Pustertal zurück.

Wo beginnt die Tour?

Die Tour beginnt in Brixen auf 560 Meter, der höchste Punkt ist das Würzjoch mit 2000 Metern.

Welche Strecke legt man zurück?

Zunächst geht die Fahrt hinauf nach St. Andrä und Palmschoss, ab hier wird die Bergstrecke schmaler und sportlicher bis zum Würzjoch. Die Abfahrt über Untermoi nach St. Martin ist wieder breiter angelegt und durch das Gadertal bis St. Lorenzen neu trassiert. Die Rückfahrt erfolgt über die Pustertaler Staatsstraße. Gesamtlänge der Tour: 86,5 Kilometer.

Was muss man sehen?

Diese Rundtour führt auf das Würzjoch, am westlichen Ausläufer der Dolomiten gelegen. Vom Joch bietet sich ein grandioser Blick auf den nahe gelegenen Peitlerkofel und auf den zentralen Teil der Dolomiten.
Bei der Abfahrt vom Würzjoch bieten sich ein Halt und die Besichtigung des Schlosses in St. Martin an (siehe Beschreibung bei Top „Museen", S. 150).
Weiter geht es durch das untere Pustertal, wo man in Vintl am Lodenmuseum vorbeikommt (siehe Beschreibung bei Top „Produkte", S. 118). Ein Besuch im Museum lohnt sich, denn diese Erlebniswelt gibt einen detaillierten Einblick in die Produktion und den geschichtlichen Werdegang des Lodens. Kein Wunder, dass dieser Stoff aus dem bäuerlichen Umfeld im k. k. Österreich salonfähig wurde!

Weitere Tops auf der Strecke erreicht man durch einen Abstecher nach Rodeneck (siehe Beschreibung bei Top „ Burgen und Schlösser, S. 92) und nach Neustift (siehe Beschreibung bei Top „Sehenswürdigkeiten, S. 156).

INFOBOX

TOP, weil diese Spritztour auch ein wenig sportliches Fahren verlangt.

Mehr Infos:
Verkehrsmeldezentrale
Tel. 0039 0471 200198
www.provinz.bz.it/vmz

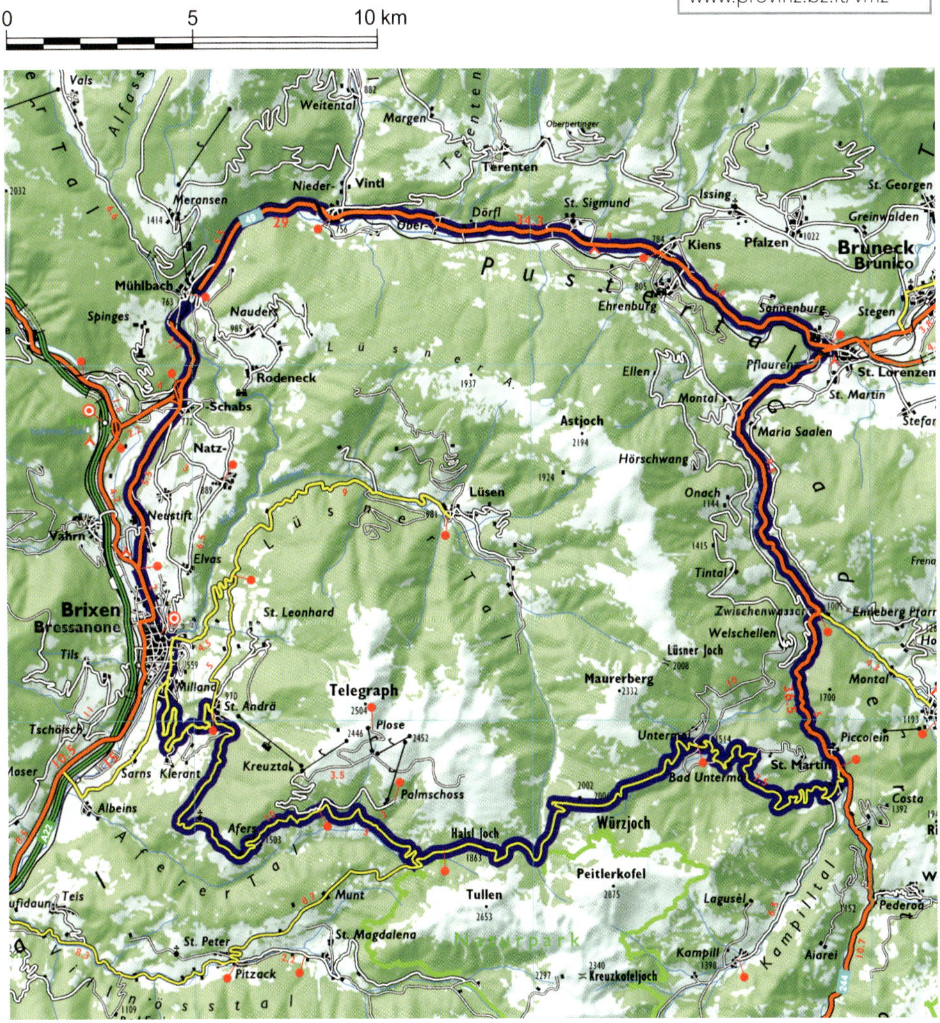

6 GROSSE DOLOMITENRUNDE

GUTSCHEINE

für dieses Gebiet und Umgebung siehe Seiten **237 – 240 und 252 – 261**

AUER–CANAZEI–PORDOI-JOCH–CORTINA–TOBLACH – Die große Dolomitenrunde ist ein Klassiker und gleichzeitig auch die längste Tour der „Top Ten". Sie führt auf der Großen Dolomitenstraße von Auer über Cortina nach Toblach und durch das Pustertal zurück.

Wo beginnt die Tour?

Die Tour beginnt in Auer und führt über fünf Pässe: den San-Lugano-Pass, 1100 m, das Pordoi-Joch, 2239 m, den Falzarego-Pass, 2105 m, den Passo Tre Croci, 1809 m, und den Colle S. Angelo, 1756 m.

Welche Strecke legt man zurück?

Die Tour führt auf der zentralen Dolomitenstraße von West nach Ost, also vom Etschtal ins Pustertal über zwei große Dolomitenpässe, des Pordoi-Joch und den Falzarego-Pass, und über drei kleinere – also eine sehr sportliche Tour. Vom Pustertal aus beginnt die Dolomitenstraße in Toblach. Die Strecke von Auer nach Cortina beträgt 122 Kilometer. Von Cortina über das Pustertal zurück zum Ausgangspunkt sind es 155 Kilometer.

Was muss man sehen?

Von Auer startend prägen zuerst noch Obstanbau und Weinberge die Landschaft; über die Anhöhe San Lugano gelangt man nach Cavalese mit seinen typischen Häusern.
Der größte Fremdenverkehrsort ist Canazei am Ende des Fassa-Tales. Vom Pordoi-Joch führt eine verwegen anmutende Seilbahn auf die Sella gleich wie vom Falzarego-Pass auf den Lagazuoi (siehe Beschreibung bei Top „Panoramen", S. 196), beide mit atemberaubenden Ausblick. Cortina d'Ampezzo

nur zu durchfahren wäre schade, man sollte mindestens den Hauptplatz mit der Kirche besuchen; dieser Ort hat ein besonderes Flair. Pflichtstopp ist hinter dem Tre-Croci-Pass beim Misurina-See.

INFOBOX

TOP, weil es die große klassische Tour durch die Dolomiten ist.

Mehr Infos:
Verkehrsmeldezentrale
Tel. 0039 0471 200198
www.provinz.bz.it/vmz

7 KLEINE DOLOMITENRUNDE

GUTSCHEINE

für dieses Gebiet und Umgebung siehe Seiten **237 – 240 und 245 – 246**

BOZEN–KARERPASS–SELLA-JOCH–GRÖDEN – Die hier beschriebene Rundtour wird auch Kleine Dolomitenrunde genannt. Sie führt ins Eggental, über den Karerpass, ins Fassa-Tal und über das Sella-Joch und Gröden zurück nach Bozen.

Wo beginnt die Tour?

Die Tour beginnt in Bozen und führt über zwei Pässe, den Karerpass, 1745 m, und das Sella-Joch, 2214 m.

Welche Strecke legt man zurück?

Über die Eisackuferstraße oder von der Autobahnausfahrt Bozen-Nord erreicht man das gut ausgeschilderte Eggental bzw. den Karerpass. Die Straße führt zunächst durch eine Schlucht und dann hinauf zum Karerpass. Die Abfahrt nach Vigo di Fassa führt ins Trentino und das ganze Fassa-Tal einwärts bis nach Canazei. Auffahrt zum Sella-Joch, durch das Grödental ins Eisacktal und auf der Autobahn oder Staatsstraße zurück nach Bozen. Die Gesamtlänge der Tour beträgt 113 Kilometer.

Was muss man sehen?

Zunächst beeindruckt die Porphyrschlucht am Eingang ins Eggental, die Straße und Bach aneinander drängt, dann öffnet sich die Landschaft und in Welschnofen genießen wir den ersten Blick auf den Latemar. Ein Stopp am Karersee ist fast Pflicht, obwohl dort viel Trubel herrscht. Vor der Passhöhe sollte man aus dem Auto steigen, um den Rosengarten in seiner ganzen Breite zu sehen. Der nächste „Pflichtstopp" ist am Sella-Joch einzulegen: Man steht hier inmitten der Felsbastionen von Sellastock, Marmolata und, in Fahrtrichtung, der Langkofelgruppe, die dann die ganze Fahrt durch Gröden begleitet. Zu St. Ulrich siehe Beschreibung bei Top „Museen“ (S. 152).

INFOBOX

TOP, weil diese Runde Dolomiten pur bietet.

Mehr Infos:
Verkehrsmeldezentrale
Tel. 0039 0471 200198
www.provinz.bz.it/vmz

8 SELLA RONDA

GUTSCHEINE

für dieses Gebiet und Umgebung siehe Seiten **245 – 247**

DIE SELLA RONDA MIT DEM AUTO – Diese spektakuläre 100-Kilometer-Rundtour führt ins Herz der Dolomiten rund um die Sella. Was im Winter mit den Skiern ein Klassiker geworden ist, kann man im Sommer mit dem Auto oder – ein Tipp für besonders Sportliche – mit dem Fahrrad machen, die Sella Ronda.

Wo beginnt die Tour?

Startpunkt ist Klausen im Eisacktal bzw. die Autobahnausfahrt Klausen-Gröden. Die vier Pässe sind das Grödner Joch 2120 m, der Campolongo-Pass, 1875 m, das Pordoi-Joch, 2239 m, und das Sella-Joch, 2214 m. Alternativ kann die Sella Ronda auch über das Gadertal vom Pustertal aus angefahren werden.

Welche Strecke legt man zurück?

Die Fahrt geht durch das Grödner Tal und ab Wolkenstein im Uhrzeigersinn über vier Dolomitenpässe rund um die Sella zurück nach Gröden. Die Gesamtlänge der Tour beträgt 101 Kilometer.

Was muss man sehen?

Zentrales Motiv ist die Sella, ein mächtiger Dolomitenblock, um den sich vier Passstraßen winden und dabei immer neue Ausblicke bieten. Jede Passhöhe ist ein „Pflichtstopp", jede neue Himmelsrichtung gibt andere und spektakuläre Dolomitenansichten frei – zuerst ins Alta Badia (siehe Beschreibung bei Top „Landschaften", S. 26), dann nach Arabba.
Die Höhepunkte der Sella Ronda sind unbestritten das Pordoi- und das Sella-Joch. Bei guter Fernsicht sind von diesen beiden Passhöhen aus alle bekannten Dolomitengipfel

zu sehen. Der Blick reicht von den Cortineser Dolomiten über den Monte Pelmo, zur Marmolata, auf den Rosengarten und auf die Langkofelgruppe, um nur einige zu nennen.

INFOBOX

TOP, weil es die sportliche Runde um die Sella ist.

Mehr Infos:
Verkehrsmeldezentrale
Tel. 0039 0471 200198
www.provinz.bz.it/vmz

9 PUSTERTAL – DOLOMITENRUNDE

GUTSCHEINE

für dieses Gebiet und Umgebung siehe Seiten **252 – 261**

BRUNECK–GADERTAL–FALZAREGO-PASS–CORTINA–TOBLACH – Diese Dolomitenrunde führt vom Hauptort des Pustertales via Gadertal und Cortina bei Toblach wieder ins Haupttal zurück. Diese Tour ist eine kürzere Alternative zur Großen Dolomitenstraße in die Welt der Ampezzaner Dolomiten.

Wo beginnt die Tour?

Die Tour beginnt in Bruneck und führt über vier Pässe: den Valparola-Pass, 2192 m, Passo di Falzarego 2105 m, den Passo Tre Croci, 1809 m, und den Colle S. Angelo, 1756 m.

Welche Strecke legt man zurück?

Die Tour führt bei St. Lorenzen, nahe Bruneck, in das Gadertal (Val Badia) und entlang einer fast völlig neu trassierten Straße durch die Schlucht hinauf nach Alta Badia. Bei La Villa (Stern in Abtei) zweigt man links ab und fährt über Armentarola zum Valparola-Pass hinauf. Den Falzarego-Pass nimmt man auf dieser Tour kaum wahr, weil er tiefer liegt und en passant genommen wird.
Von Cortina d'Ampezzo nun auf den Tre-Croci-Pass und hinüber zum Misurina-See. Die Abfahrt in das Höhlensteintal endet in Toblach, von wo es durch das Pustertal wieder zurück nach Bruneck geht. Die Gesamtlänge der Tour beträgt 130 Kilometer.

Was muss man sehen?

Die Fahrt durch das Alta Badia bietet zwei Höhepunkte, siehe Beschreibung bei Top „Landschaften" (S. 26) und Top „Panoramen" (S. 194). Vom Falzarego-Pass führt eine Seilbahn auf den Lagazuoi. Vor Cortina d'Ampezzo hat man am Pecol eine prächtige Aussicht auf die Stadt und die umliegenden Dolomitengipfel Cristallo, Sorapis und Antelao. Pflichtstopp ist hinter dem Tre-Croci-Pass der Misurina-See. In Toblach lohnt ein Besuch der alten Pfarrkirche.

INFOBOX

TOP, weil diese Tour die Dolomitenrunde des Pustertals ist.

Mehr Infos:
Verkehrsmeldezentrale
Tel. 0039 0471 200198
www.provinz.bz.it/vmz

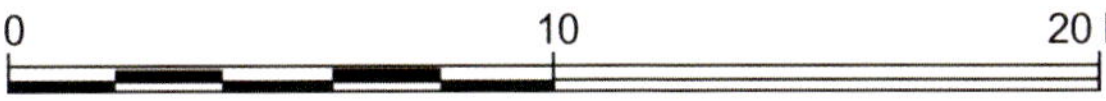

10 DREI ZINNEN

GUTSCHEINE

für dieses Gebiet und Umgebung siehe Seiten **252 – 261**

TOUR ZU DEN DREI ZINNEN – Diese Zielfahrt zur Auronzo-Hütte kann auch zu einer Rundfahrt über Cortina d'Ampezzo ausgedehnt werden. Die gut ausgebaute Mautstraße von Misurina zur Auronzo-Hütte ist der bequemste Weg in das Drei-Zinnen-Gebiet.

Wo beginnt die Tour?

Die Tour beginnt in Toblach und führt zur Auronzo-Hütte auf 2320 Meter. Großer Parkplatz vorhanden.

Welche Strecke legt man zurück?

Die Fahrt von Toblach führt durch das Höhlensteintal südwärts in die Dolomiten; nach dem Dürrensee (Lago di Landro) biegt die Straße links ab und führt zum Misurinasee hinauf. Kurz vor dem See führt das Hinweisschild links ab zur Auronzo-Hütte. Die Mautstrecke beginnt gleich hinter dem Schutzhaus Antorno und windet sich kurvenreich gegen die Drei Zinnen hinauf. Die Gesamtlänge der einfachen Fahrt beträgt 27,5 Kilometer.

Was muss man sehen?

Das Misurina-Gebiet mit den gleichnamigen bekannten Dolomitenseen gehört zu den schönsten Hochflächen der Gegend.
Von der Auronzo-Hütte, die direkt unterhalb der Drei Zinnen liegt, bietet sich ein grandioser Ausblick auf die Cortineser Dolomiten, sowie auf die Cadinigruppe, die wie aus Gips angefertigt im Süden aufragt. Die Hütte eignet sich ganz besonders als Ausgangspunkt für die Wanderung zur Dreizinnenhütte (siehe Beschreibung bei Top „Landschaften", S. 30). Dort sollte der Wanderer nur eine kurze Rast einlegen,

denn der Weiterweg über den Paternsattel und vorbei an den imposanten Nordwänden der Drei Zinnen, zurück zum Ausgangspunkt, ist ein Dolomitenklassiker.

INFOBOX

TOP, weil die Drei Zinnen eine weltbekannte Felsformation sind.

Mehr Infos:
Verkehrsmeldezentrale
Tel. 0039 0471 200198
www.provinz.bz.it/vmz

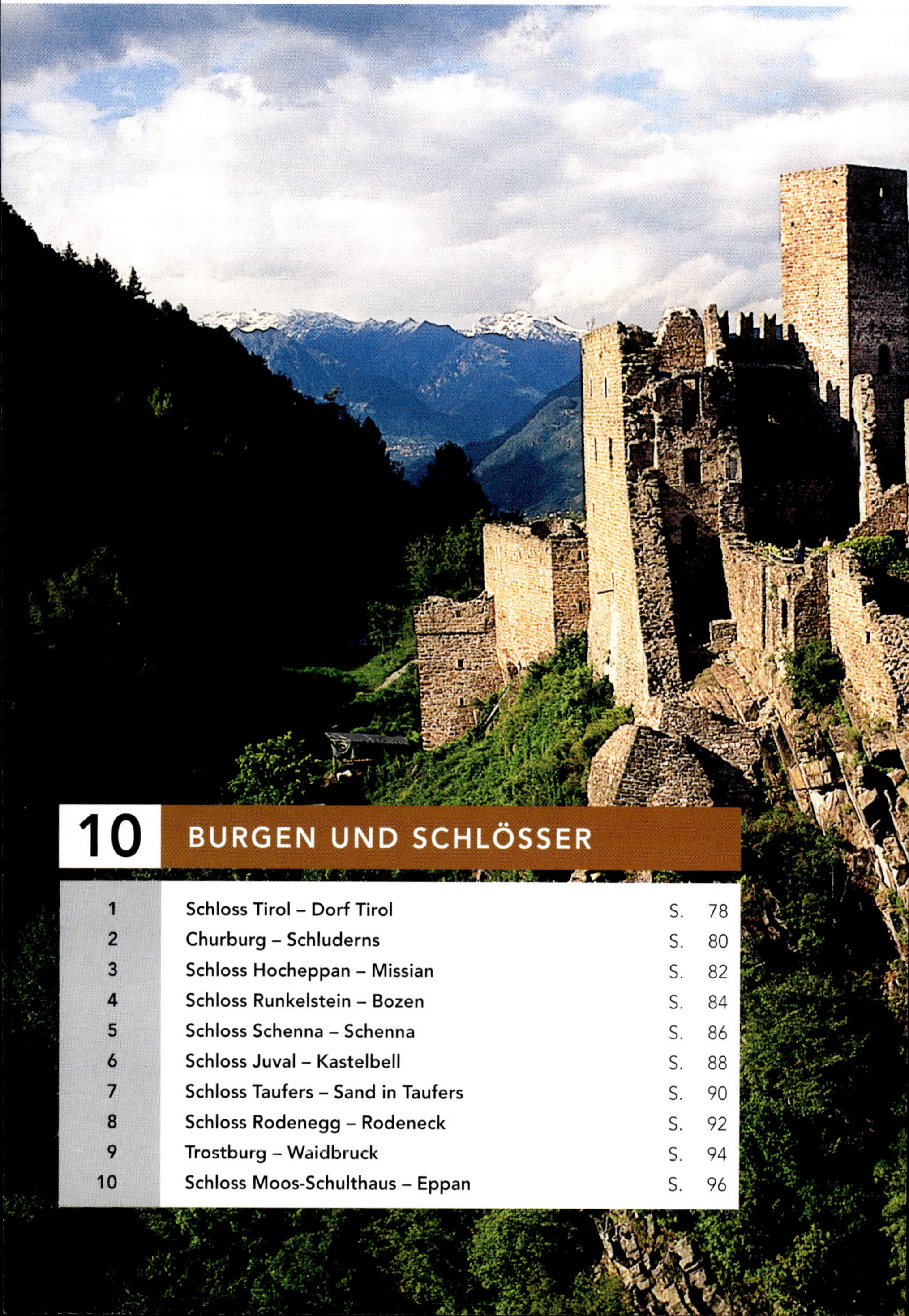

10 BURGEN UND SCHLÖSSER

Schloss Hocheppan | Missian

1 SCHLOSS TIROL

GUTSCHEINE

für dieses Gebiet und Umgebung siehe Seiten **225 – 237**

DORF TIROL – Das Stammschloss der Tiroler Landesfürsten. Wenn man vom Schlossgarten oder vom Palas aus in die Landschaft des Etschtales und des Vinschgaus schaut, versteht man augenblicklich, warum sich die edlen Herren hier das Stammschloss errichtet haben. Geschützt am Südhang der Texelgruppe steht der wuchtige Bau in beherrschender Lage über dem Meraner Talkessel.

Was erzählt die Geschichte?

Gekommen sind die Grafen aus dem Vinschgau, den Namen der Burg entlehnten sie der nahen Ortschaft Dorf Tirol, und letztlich nahm auch das Geschlecht 1142 diesen Namen an. Erbaut wurde die Anlage vermutlich auf den Mauern eines frühchristlichen Klosters. Geeint hat das Land Tirol aber Meinhard II., seine Herrschaft begann 1258. Mit allen Mitteln der Machtpolitik, aber auch mit Gewalt, Intrige und Erpressung hat er alle anderen Fürsten des Landes unter seine Herrschaft gezwungen.

Eine weitere schillernde Figur, die von hier aus Politik gemacht hat, war die Fürstin Margarethe Maultasch, die nach vielen persönlichen und politischen Auseinandersetzungen das Land 1363 den Habsburgern übergeben hat. Die Grafen haben dann die Residenz auf die Zenoburg hinunter nach Meran verlegt, weil Teile des Schlosses, das auf einem Moränenhügel (man beachte die Erdpyramiden) steht, abgerutscht sind. Als die Tiroler Grafen schließlich nach Innsbruck übersiedelten, verfiel die Anlage zusehends, bis sie dann 1807 von den Bayern, die das Land besetzt hielten, versteigert wurde – ein Bauer kaufte die Ruine und hat die Burganlage so vor dem Abriss gerettet. Erst als der italienische Staat das Anwesen dem Lande Südtirol übertragen hat, begann die Restaurierung, die Voraussetzung für die vielfältige Nutzung der Schlossanlage.

TIPP

Infos zur Museumcard:
Tel. 0471 631233
www.landesmuseen.it

Siehe Seite 137

Was muss man sehen?

Den weiten Innenhof, um den sich Hauptpalas, Wirtschaftsgebäude und Bergfried gruppieren. Den „Kaisersaal" des Palas mit den Doppelbogenfenstern, die zweigeschossige Kapelle mit dem reich skulptierten Portal. Der Bergfried enthält eine Ausstellung zur Geschichte Tirols, in den unteren Wirtschaftsgebäuden finden Wechselausstellungen statt. Im Sommer sind die „Soireen auf Schloss Tirol" ein besonderes Erlebnis (Informationen gibt's beim Tourismusverein).

Wie kommt man hin?

Das Schloss erreicht man auf dem kürzesten Weg von Dorf Tirol aus in etwa 20 Minuten. Zunächst von den Parkplätzen am Dorfeingang die Falknerpromenade entlang und durch das Knappenloch. Wer den Besuch mit einer Rundwanderung verbinden will, kann von Gratsch aus über Thurnstein und St. Peter zum Schloss gelangen und Richtung Dorf Tirol über die Brunnenburg (zu besichtigen) wieder absteigen.

INFOBOX

TOP, weil dieses Schloss die Stammburg der Tiroler ist, in bester Lage über Meran thront und viel Information zur Geschichte dieses Landes bietet.

Besichtigung:
Von 15. März bis 30. Nov. von 10–17 Uhr, im Aug. bis 18 Uhr,
Mo geschlossen,
Tel. 0039 0473 220221
www.schlosstirol.it

Schloss Tirol

Doppelbogenfenster mit Blick auf Meran

2 CHURBURG

GUTSCHEINE

für dieses Gebiet und Umgebung siehe Seiten **220 – 224**

SCHLUDERNS IM VINSCHGAU – Die Burganlage liegt knapp oberhalb der Ortschaft Schluderns und ist von seltener harmonischer Geschlossenheit, weil sie nur wenige Besitzerwechsel erleben musste und nie in Feindeshand gefallen ist. Der Bergfried und die ebenfalls zinnenbewehrte Ummauerung geben dieser Burg einen kompakten und stolzen Anblick.

Was erzählt die Geschichte?

Erbaut wurde die Burg, die erstmals 1259 als „Curberch" erwähnt wird, von Heinrich von Montfort, einem Churer Bischof. Bereits die erste Burg war von auffallender Weitläufigkeit und schon als Dynastenburg zu erkennen. Der Bau geriet bald unter die Herrschaft jenes Geschlechtes, gegen das sie erbaut wurde: der Vögte von Matsch. Die Familienfehde der Matscher wurde kurzerhand durch Vernichtung des älteren Zweiges der Vögte gelöst. Nach Ableben des letzten Matschers, des Grafen Gaudenz von Matsch im Jahre 1504, folgte bereits die heutige Besitzerfamilie, die Grafen von Trapp. Die vielen trappschen Jakobs bauten das Schloss weiter aus, und in die gut erhaltene Anlage zog der Geist der Renaissance bis tief in dieses abgelegene Alpental. Im 16. Jahrhundert ist bereits die große Waffensammlung inventarisiert, die man heute noch bestaunen kann. Die Grafen von Trapp residieren im Sommer auf der Burg.

Was muss man sehen?

Die geführte Burgbesichtigung zeigt den Großteil der Anlage. Besonders sehenswert sind der Arkadenhof mit seinen Fresken und natürlich die Rüstkammer mit ihren prunkvollen Ritterrüstungen, auch „eiserne Garderobe der Matscher" genannt, und Waffen aller Art, die ein reiches höfisches Leben erahnen lassen. Die Räume des Hauptgebäudes sind vollständig und original eingerichtet.

Wie kommt man hin?

Die Burg ist nur zu Fuß von Schluderns aus zu erreichen, gut ausgeschildert und weithin sichtbar. Von den Parkplätzen im Dorf sind es höchstens 20 Minuten Gehzeit. Es geht auch ohne Auto, weil man Schluderns per Bus und mit der Eisenbahn erreichen kann. Wer den Besuch mit einer Wanderung verbinden will, kann von der Burg aufwärts den Waalweg erreichen, der ins Matscher Tal führt. Der Weg umrundet das Tal und führt wieder ins Dorf zurück.

INFOBOX

TOP, weil diese Burg mit ihrer imposanten Rüstkammer ein Denkmal ritterlicher Kultur ist und in herrlicher Lage den oberen Vinschgau beherrscht.

Besichtigung:
Von 20. März bis 31. Okt., nur mit Führung von 10–12 und 14–16.30 Uhr, Mo geschlossen – außer an Feiertagen,
Tel. 0039 0473 615241
www.churburg.com

Rüstkammer der Churburg

Churburg

3 SCHLOSS HOCHEPPAN

GUTSCHEINE
für dieses Gebiet und Umgebung siehe Seiten **241 – 245**

MISSIAN – Die Ruine der unterlegenen Fürsten. Geblieben ist von der einst mächtigen Burg nur mehr eine Halbruine, aber trotzdem ein äußerst lohnendes Ausflugsziel, weil man eine einmalige Wanderung, den „Burgenweg", mit dem Besuch von drei Schlössern verbinden kann. Auf Hocheppan kann man auch gut einkehren, für Speis und Trank ist auf dieser Rundtour gesorgt. In der Burgkapelle erzählen Fresken erstaunliche Geschichten.

Was erzählt die Geschichte?

Gebaut wurde die Burg ungefähr zur gleichen Zeit wie Schloss Tirol, also zu Beginn des 12. Jahrhunderts, von einem Wel-

Ruine Hocheppan

Fresko in der Burgkapelle

fengeschlecht, das um diese Zeit als Grafen von Bozen und Eppan urkundlich erwähnt wird und große Machtansprüche hatte. Dadurch gerieten die edlen Herren aber in Konflikt mit den Tiroler Fürsten, die ihnen, was den Machthunger anbetrifft, in nichts nachstanden. Gewonnen haben die Tiroler Grafen, auch weil Barbarossa eine Strafexpedition gegen die Eppaner entsandte, die es wohl etwas zu bunt getrieben haben. Als Lehnsherren der Bischöfe von Trient hatten sie eine Gesandtschaft des Papstes überfallen, die auf dem Weg zu Kaiser Barbarossa war. Die Strafe folgte auf dem Fuß, und das Land bekam den Namen Tirol und nicht Eppanien. Später verliert das Geschlecht die Grafschaftsrechte und sogar das Schloss selbst.

INFOBOX

TOP, weil diese Ruine einst die mächtigsten Fürsten beherbergte.

Besichtigung:
Von April bis Anf. Nov. von 10–18 Uhr, Führungen in der Kapelle von 10.30–17.30 Uhr, Mi geschlossen, Tel. 0039 0471 662206 www.eppan.com

Was muss man sehen?

Der Kernbestand des Schlosses besteht, außer der Festungsmauer, aus dem fünfeckigen Bergfried und der Schlosskapelle. Diese enthält sehenswerte Fresken, die um 1200 von einem unbekannten, aber wahrscheinlich italienischen Meister gefertigt wurden und byzantinischen Einfluss erkennen lassen. Beeindruckend ist besonders die Darstellung Mariens sowie die der klugen und törichten Jungfrauen, ein beliebtes Motiv jener Zeit. Kulturhistorisch interessant ist die Darstellung von Speisen, darunter die erste Abbildung von Knödeln, also des Tiroler Nationalgerichts.

Wie kommt man hin?

Die Ruine Hocheppan liegt in der Überetscher Gemeinde Eppan an der Weinstraße. Die Anfahrt erfolgt über die Fraktion Missian in Richtung Schloss Korb, einem Schlosshotel. Der Fußweg zum Schloss kann über die „Burgenwanderung" fortgesetzt werden, die zunächst hinunter und dann zur Ruine Boymont hinauf führt. Von dort gelangt man durch Abstieg wieder zum Ausgangspunkt zurück.

TIPP

Stiegen zum Himmel
Die alpine Straße der Romanik führt Sie zu den Sehenswürdigkeiten dieser Epoche durch Südtirol, Trentino und Graubünden. Die Übersichtskarte mit Beschreibung bekommen Sie bei den jeweiligen Tourismusvereinen oder unter:

Ferienregion Obervinschgau Tel. 0039 0473 737073 www.stiegenzumhimmel.it

4 SCHLOSS RUNKELSTEIN

GUTSCHEINE

für dieses Gebiet und Umgebung siehe Seiten **237 – 240**

BOZEN – Die „Bilderburg". Die strategisch günstig gelegene Burg am Eingang in das Sarntal gehört natürlich zu Bozen und ist auch sein ganzer Stolz. Bekannt geworden ist die auf schroffem Fels gebaute Burganlage wegen ihrer allegorischen Fresken, aber ein Besuch lohnt auch deshalb, weil dieses Anwesen vorbildlich restauriert wurde und weil ständig wechselnde Ausstellungen geboten werden. Nicht zuletzt gibt es im Schloss auch eine Gastwirtschaft. Die Burg war immer ein begehrtes Ziel für schwärmerische Romantiker, dieses Flair ist dem Gemäuer erhalten geblieben.

Was erzählt die Geschichte?

Errichtet wurde die erste Burg um 1237, zu der heute sichtbaren wohnlichen Anlage haben die Bozner Gebrüder Vintler die Baumeister bestellt und sie zu einem wehrhaften Schloss umgestaltet. Die Gebrüder haben auch die Künstler engagiert, die den prächtigen Freskenschmuck gestaltet haben. Erobert wurde die Burg nie, aber erlebt hat sie trotzdem einiges: eine Pulverexplosion 1520, eine Feuersbrunst im 17. Jahrhundert und den Einsturz einer Außenmauer durch eine Sprengung zum Bau der Sarner Straße. Restaurierungen ließen hier Kaiser Maximilian I. und Franz Joseph durchführen, heute gehört die Burg der Stadt Bozen.

Was muss man sehen?

Der Bilderzyklus im Westpalas und im Sommerhaus der Burg erzählt in starken farbigen Szenen das höfische Leben der Ritter in ihren prächtigen Gewändern, ihre Sagenwelt, die Jagden und sonstigen Vergnügungen des späten Mittelalters. Die Schlossschenke im Burghof und etwaige Ausstellungen.

Wie kommt man hin?

Von Bozen aus führt ein schöner Fußweg der Wassermauerpromenade entlang bis zum Eingang der Sarner Schlucht, dann folgt ein kurzer steiler Anstieg zur Burg. Bis zum steilen Anstieg kann man auch mit dem Auto fahren, begrenzter Parkplatz ist vorhanden. Eine weitere Möglichkeit ist eine Anfahrt mit dem Fahrrad, das man am Waltherplatz ausleihen kann, von dort fährt auch ein Shuttle-Bus für geführte Besichtigungen zur Burg, die der Verkehrsverein organisiert.

INFOBOX

TOP, weil diese Burg am Eingang zum Sarntal so viel zu erzählen weiß.

Besichtigung:
Ganzjährig geöffnet von 10–18 Uhr, Mo geschlossen, Tel. 0039 0471 329808, www.comune.bolzano.it/roncolo

Bilderzyklus im Westpalas

Schloss Runkelstein

5 SCHLOSS SCHENNA

GUTSCHEINE

für dieses Gebiet und Umgebung siehe Seiten **225 – 237**

SCHENNA – Der Zweitwohnsitz des Erzherzogs. Schloss Schenna liegt oberhalb des sehr kompakten Dorfkerns mit seinen vier Kirchen, die allesamt sehenswert sind. Schenna hat sich enorm entwickelt und ist in den letzten 40 Jahren vom Kuhdorf zum großen Fremdenverkehrzentrum geworden, aber der Dorfkern ist noch immer einer der schönsten im Land. Vom Schloss aus hat man den schönsten Blick darauf. Der Rundgang durch die vollständig eingerichteten Räumlichkeiten des Schlosses bietet auch reichlich Ausblick auf das Dorf und seine Umgebung.

Schloss Schenna

Was erzählt die Geschichte?

Mehr als die Geschichte sind die Geschichten rund um dieses Schloss interessant. Gebaut hat es Petermann von Schenna 1346, von dem man sagt, dass er ein treuer Anhänger der bedrängten Landesfürstin Margarethe Maultasch war und hoch in ihrer Gunst stand. Danach gab es viele Besitzerwechsel, bis 1845 Erzherzog Johann das Schloss für seine Nachkommen kaufte. Diesen wurde – wegen Johanns nicht standesgemäßer Ehe mit der Postmeistertochter Anna Pochl aus Bad Aussee – der Name „Graf Meran" zuerkannt. Aber der Erzherzog war beliebt, denn er legte sich für den Bauernstand ins Zeug. 1809 stand er hinter dem Tiroler Aufstand, was aber dem guten Andreas Hofer wenig genützt hat. Die Grafen Meran sind heute noch Eigentümer des Schlosses und des angrenzenden Thurnerhofes. Johann und seine Frau Anna sind im neugotischen Mausoleum auf dem Kirchhügel von Schenna beerdigt.

Was muss man sehen?

Die schönen Barock- und Renaissanceräume, Kachelöfen und Bilder, die Waffensammlung und natürlich den Ausblick vom Südbalkon des Schlosses. Die Krippe, eine Wiege vom Sandhof bei St. Leonhard in Passeier, soll dem Andreas Hofer gedient haben. Es finden auch Wechselausstellungen statt. Ein Rundgang durch das Dorf sollte vor allem den Kirchhügel miteinschließen, wo unter anderem die romanische Kapelle des hl. Martin steht.

Wie kommt man hin?

Schenna liegt 4 Kilometer von Meran entfernt und ist von dort in der Saison mehrmals stündlich mit dem Bus erreichbar. Das Auto parkt man am besten oberhalb des Dorfes beim Schulzentrum, von dort sind es wenige Schritte zum Schloss.

INFOBOX

TOP, weil dieses Schloss über dem schönsten Dorfkern des Burggrafenamtes thront.

Besichtigung:
Von der Karwoche bis Allerheiligen, nur mit Führung, täglich um 10.30–11.30 Uhr und 14–15 Uhr, So geschlossen, Tel. 0039 0473 945630, www.schloss-schenna.com

TIPP

Wirtshaus Thurnerhof
Feine saisonale Südtiroler Küche, alt renoviertes Bauernhaus, Garten unter alten Kastanienbäumen.

Verdinser Straße 26
I-39017 Schenna
Tel. 0473 945702
www.thurnerhof-schenna.com
Ganzjährig geöffnet
10–24 Uhr, Mo Ruhetag

6 SCHLOSS JUVAL

GUTSCHEINE

für dieses Gebiet und Umgebung siehe Seiten **220 – 224**

KASTELBELL/TSCHARS – Schloss Juval liegt im Vinschgau. Oder schon im Schnalstal? Wir lassen es den Besucher entscheiden, wenn er von den Zinnen ins Tal blickt. Es thront auf einem Felsgrat am Eingang des Schnalstales, das Hauptgebäude wurde an der schmalsten Stelle des Felsrückens errichtet.

Was erzählt die Geschichte?

Erbaut wurde die erste Anlage 1278 von den Grafen von Montalban. Nach regem Besitzerwechsel erlebt die Burg im 16. Jahrhundert eine Blüte. Graf Hendl von Goldrain bekommt die Anlage als Lehen vom Landesfürsten, bewohnt sie aber selbst nicht mehr, und sie verfällt. Die Bauernfamilie Blaas verkauft die Halbruine zu Beginn des letzten Jahrhunderts einem Holländer, der beträchtliche Renovierungsarbeiten durchführt. Nie benutzt hat das Schloss sein nächster Besitzer, ein Meraner Ingenieur. Weder das Schloss noch die darunter liegenden Höfe waren durch eine Straße erschlossen, deshalb waren der Zugang und die Bewirtschaftung sehr mühselig. Aber dann hat dieses alte Gemäuer den Extrembergsteiger Reinhold Messner interessiert, er hat's gekauft und restauriert, wohnlich eingerichtet und mit vielen Tibetika ausgestattet. Außerdem hat er seine Maskensammlung aus vier Kontinenten dort untergebracht und einen Teil seiner Bergbildersammlung in den alten Wehrturm gehängt. Der „Halbnomade", wie er sich selbst bezeichnet, bewohnt das Anwesen nur in der warmen Jahreszeit.

Was muss man sehen?

Die Besichtigung führt durch den Hauptpalas und durch den älteren Teil der Anlage mit den restlichen Sammlungen an tibetischen Kunstwerken religiöser Art. Diese Mischung aus alpiner Trutzburg und Tibetika ist ein besonderes Erlebnis, das gefällt oder auch nicht, aber allemal sehenswert ist. Den Waalweg, der etwas tiefer die Burg umrundet.

INFOBOX

TOP, weil es eine ganz besondere Anlage ist, mit einem ganz besonderen Inhalt, und ein ganz besonderer Besitzer das Schloss zu bewohnen versucht.

Besichtigung:
Von Palmsonntag bis 30. Juni und von 1. Sept. bis Anf. Nov., nur mit Führung, täglich von 10–16 Uhr, Mi geschlossen, Tel. 0039 348 4433871, www.messner-mountain-museum.it

Wie kommt man hin?

Zum Schloss und zu den Höfen führt eine Straße hinauf, aber die ist den Anwohnern vorbehalten und sehr schmal. Vom Parkplatz direkt an der Vinschgauer Staatsstraße, unmittelbar nach der Abzweigung ins Schnalstal, ist ein Shuttle-Dienst zum Schloss eingerichtet. Viel schöner ist es aber, diesen Burghügel zu Fuß zu erklimmen, dazu gibt es verschiedene Varianten. Die schönste und angenehmste führt über den Waalweg „Juval" von der Ortschaft Tschars hinauf.

Schloss Juval und sein Besitzer Reinhold Messner

7 SCHLOSS TAUFERS

GUTSCHEINE

für dieses Gebiet und Umgebung siehe Seiten **252 – 261**

SAND IN TAUFERS – Beherrschend steht die Burganlage an der schmalsten Stelle, als wolle sie das Ahrntal verriegeln. Die Erbauer wollten das zwar nicht, aber den durchziehenden Verkehr und die Reichtümer der dahinter liegenden Bergwerke besteuern wohl schon. Wenn man sich durch das breite Tauferer Tal dem Hauptort Sand in Taufers nähert, ist man sich nicht ganz sicher, ob die Burg oder die vergletscherten Berge der Zillertaler Alpen imposanter sind. Beiden sollte man sich widmen.
Die Größe der Anlage, die Anzahl an Räumen und Kunstwerken machen die geführte Besichtigung zu einem wahren Genuss für Burgenliebhaber.

Was erzählt die Geschichte?

Erbaut wurde die erste Anlage auf dem strategisch günstig gelegenen Felsen bereits 1150 von den Edlen von Taufers. Als diese ausstarben, gelangte die Burg in den Besitz der Tiroler Grafen, wurde Sitz der hohen Gerichtsbarkeit und gleichzeitig prächtig ausgebaut. Strategisch und wehrhaft, aber auch wohnlich wurde die Anlage gestaltet, mit über 60 Räumen, davon 24 kunstvoll getäfelt. 1829 beginnt der Verfall, aber ein österreichischer Rittmeister erwirbt die Burg und restauriert sie aufwendig. Heute ist sie Eigentum des Südtiroler Burgeninstituts.

Was muss man sehen?

Das Schloss beherbergt alles, was man sich von einer Burg erwartet: Zwingeranlagen, zinnenbewehrte Mauern, Rittersaal, Gerichtssaal, Folterkammer, Verliese und Geisterzimmer ebenso wie Waffensaal, Burgkapelle und Bibliothek. Der Großteil der Räume ist zu besichtigen, kostbar ausgestattet und mit Möbeln von der Spätgotik bis zum Biedermeier eingerichtet. Der vornehmste Raum ist die Bibliothek, im Rittersaal hängen 26 historische Porträts, und wer beim Anblick der Foltergeräte zur peinlichen Befragung nicht erschaudert, kann es bei den Schilderungen im Geisterzimmer nachholen. Nicht zu vergessen das eindrucksvolle romanische Kruzifix in der Burgkapelle und die Fresken, die Michael Pacher zugeschrieben werden.

INFOBOX

TOP, weil dieses Schloss die größte erhaltene Anlage ist und echte Burgenromantik besichtigt werden kann.

Besichtigung:
Ganzjährig geöffnet, nur mit Führung, Tel. 0039 0474 678053, bei größeren Gruppen Tel. 0039 340 8690168, www.burgeninstitut.com

Wie kommt man hin?

Schloss Taufers liegt in Sand in Taufers am Beginn des Ahrntals, das man von Bruneck aus anfährt. Das Schloss ist mit dem Auto erreichbar, nach Durchquerung des Ortes Sand umfährt man den Burgfelsen und gelangt über eine Zufahrtsstraße zur Anlage hinauf. Man kann von Sand aus die Burganlage auch auf einem Weg erwandern.

Schloss Taufers zu Füßen der Zillertaler Alpen

8 SCHLOSS RODENEGG

GUTSCHEINE

für dieses Gebiet und Umgebung siehe Seiten **247 – 252 und 252 – 261**

RODENECK – Das Schloss der Wolkensteiner. Die wehrhafte Burganlage von Rodenegg oder Rodeneck, wie sie auch geschrieben wird, wurde Opfer eines verheerenden Brandes und während der Franzosenkriege gründlich geplündert. Trotzdem enthält sie einen Schatz, den man diesem Gemäuer nicht entreißen konnte, den Freskenzyklus des „Iwein".

Die Burganlage von Rodenegg

Was erzählt die Geschichte?

Erbaut wurde die erste Anlage bereits im 12. Jahrhundert, ein Ministerial der Brixner Bischöfe scheint 1140 als Gründer auf. 1269 gehört die Burg bereits den Tiroler Grafen, die ihre Herrschaft vom Schloss Tirol aus rasch über das ganze Land ausbreiteten. Kaiser Maximilian übergibt die Burganlage den Wolkensteinern, die sie dann zu einer prächtigen Residenz ausbauen, Sammlungen anlegen und eine kostbare Bibliothek einrichten. Der Brand von 1694 zerstörte viel, den Wiederaufbau finanzierte man mit dem Verkauf der restlichen Sammlungen. Nach den Plünderungen durch die napoleonischen Kriege verfiel das Schloss zusehends. Zu Beginn des 20. Jahrhunderts wurden umfangreiche Restaurierungen vorgenommen. Drinnen wohnt heute eine Adelsfamilie, deshalb ist nur ein Teil der Anlage zu besichtigen.

Was muss man sehen?

Die Wohn- und Wehrburg besitzt noch Zugbrücke und Fallgitter. Leider sind nur wenige Räumlichkeiten zu besichtigen, weil der Rest bewohnt wird. Die eigentliche Sehenswürdigkeit außer der mächtigen freistehenden Burganlage, die zu den größten Südtirols zählt, ist der Freskenzyklus der Iwein-Sage. Das höfische Epos entstand um 1200 und ist die einzige weltliche Malerei aus der Romanik in Europa. Die erst 1973 freigelegten Fresken erzählen das Epos von Hartmann von Aue über den Ritter Iwein aus der berühmten Tafelrunde des König Artus im Kampf gegen Askalon. Die Expressivität der Malerei ist beeindruckend, auch weil es aus dieser Zeit keine Vorbilder gibt.

Wie kommt man hin?

Von der Gemeinde Mühlbach am Eingang ins Pustertal zweigt man zum Dorf Rodeneck ab. Die Burg liegt auf einem Felssporn hoch über der Rienzschlucht.

INFOBOX

TOP, weil diese Wehrburg einen kostbaren Schatz beherbergt.

Besichtigung:
Vom 1. Mai bis 15. Okt., nur mit Führung um 11 u. 15 Uhr, Mo geschlossen, Tel. 0039 0472 454056, www.rodenegg.info

9 TROSTBURG

GUTSCHEINE

für dieses Gebiet und Umgebung siehe Seiten **247 – 252**

WAIDBRUCK – Das Heimatschloss des Minnesängers. Trutzig und wehrhaft steht die Burg im Eisacktal über den Verkehrswegen, die an ihr vorbei und unten durchführen. Eisenbahn, Autobahn und allerlei Straßen müssen durch die Enge des Tales bei Waidbruck hindurch, hinauf zur Festung geht es aber nur zu Fuß, und es lohnt sich. Dieser Urweg zur Burg vermittelt anschaulich, wie beschwerlich einst Ritter und Gefolgsleute ihre Wohnfeste erklimmen mussten.

Was erzählt die Geschichte?

Die Burg wird erstmals 1173 als „Trosperch" genannt. Erbaut wurde sie von den Herren von Kastelruth. Bereits 1370 kommt diese Festung in den Besitz des Geschlechtes der Wolkensteiner, die auch heute noch als Mitbesitzer aufscheinen. Oswald von Wolkenstein, der Minnesänger, hat hier seine Jugendjahre verbracht, bevor er als Haudegen durch die Welt reiste. Engelhard Dietrich von Wolkenstein hat die Feste zu Beginn des 17. Jahrhunderts zur Renaissanceresidenz ausgebaut und befestigt, wie wir sie heute sehen. Sperrmauern und Zwinger sollten die Burg uneinnehmbar machen, was bei der damaligen Kriegstechnik aber wohl zu bezweifeln war. Dekorativ und martialisch wirkt sie aber allemal. Der Südtiroler Burgenverein hat die Anlage vor dem Verfall bewahrt und großzügig renoviert.

Was muss man sehen?

Das labyrinthische Gemäuer mit seinen Türmen und Geschützrondellen birgt einige Kostbarkeiten: den Rittersaal mit kunstvoller Kassettendecke, die dreifach gewölbte gotische Stube mit einer Fülle an ornamentalem Schnitzwerk und die Burgkapelle, die dem hl. Antonius geweiht ist. Das Altarbild stammt vom venezianischen Künstler Fra Santo.

Der große gemalte Wappenstammbaum diente wohl den Repräsentationsbedürfnissen der Wolkensteiner. Burgenfans werden sich an den Modellen erfreuen, die alle wichtigen Schlossanlagen Südtirols darstellen. Den Lebensstationen des Minnesängers ist eine Dauerausstellung gewidmet.

INFOBOX

TOP, weil sie zu den schönsten Burgen Südtirols gehört.

Besichtigung:
Von Gründonnerstag bis Ende Okt., nur mit Führung um 11, 14 und 15 Uhr, im Juli und Aug. auch 10 und 16 Uhr, Mo geschlossen, Tel. 0039 0471 654401, www.burgeninstitut.com

Wie kommt man hin?

Von Waidbruck im Eisacktal führt ein alter steingepflasterter, aber steiler Weg hinauf zur Burg. Im Ort sind die Parkplätze rar. Der Weg beginnt am kleinen Dorfplatz und ist ausgeschildert.

Trostburg

10 SCHLOSS MOOS-SCHULTHAUS

GUTSCHEINE

für dieses Gebiet und Umgebung siehe Seiten **241 – 245**

ST. MICHEAL/EPPAN – Das Wohnschloss im Weingebiet. Dieses Schloss steht nicht allein in dieser Gegend. Schloss Gandegg, Englar, Freudenstein und manch verborgener Ansitz stehen in der Nachbarschaft und beweisen, dass man sich im Weindorf St. Michael gerne niedergelassen hat. Der Wein und die gesunde Lage im Überetsch werden dazu beigetragen haben, deshalb sind heute auch noch viele dieser Bauten bewohnt. Moos-Schulthaus ist auch privat, aber der Schlossherr lässt seine Sammlungen für Besuche offen.

Was erzählt die Geschichte?

Erbaut wurde die Anlage im 13. Jahrhundert, der ursprüngliche Wehrturm wurde zu einem Wohnschloss ausgebaut und ist ein beispielhaftes Zeugnis adeligen Wohnens im Überetsch. Die meisten Räume sind mit profanen Fresken ausgemalt, die höfische Szenen und Jagdszenen, Märchen und

Schloss Moos-Schulthaus

auch frivole Legenden zum Inhalt haben. Alle Räume sind mit alten Möbeln und mit vielen Gebrauchsgegenständen ausgestattet, die der Besitzer gesammelt hat. Eine Besonderheit ist die Gemäldesammlung, die man in diesem – von außen eher schmucklosen – Gebäude nicht erwarten würde.

INFOBOX

TOP, weil dieser Ansitz den Zauber einer Burg hat und eine erstaunliche Privatsammlung alter Wohnkultur beherbergt.

Besichtigung:
Von Ostern bis Allerheiligen, von Di–Sa nur mit Führung um 10, 11, 16 und 17 Uhr

Was muss man sehen?

Die wertvolle gotische Balkenstube, die Rauchküche mit allerlei kuriosen Geräten aus der Frühzeit der Kochkunst. Die Darstellung des „Katzen- und Mäusekrieges" im Jagdzimmer ist einmalig in Südtirol. Die Gemäldesammlung Tiroler Künstler wie Defregger, Egger-Lienz und Gebrüder Stolz.

Wie kommt man hin?

Leicht ist es nicht zu finden, um es gleich zu sagen. Bei der Einfahrt ins Dorf St. Michael in der Gemeinde Eppan im Überetsch zweigt man von Bozen kommend rechts, also bergwärts, ab und folgt über schmale Straßen der Beschilderung.

Fresko im Jagdzimmer

Südtiroler Speck

10 PRODUKTE

1 SÜDTIROLER SPECK

GUTSCHEINE

für dieses Produkt finden Sie auf den Seiten **227, 231, 237 und 256**

INFOBOX

TOP, weil diese Spezialität ein Stück Südtiroler Kultur ist.

DIE SÜDTIROLER SPEZIALITÄT – Der Bauernspeck ist eine frühe Erfindung der Fleischkonservierung. Das richtige Pökeln, Räuchern und ein trockenes, luftiges Klima machen es möglich. Dass dazu die guten Stücke des Schweins am besten geeignet sind, haben die Südtiroler Bauern schon lange gewusst, schriftlich beurkundet ist der Speck aus dem Jahr 1289, aber in Wirklichkeit ist er sicher viel älter. Dass uns diese Spezialität erhalten geblieben ist, hat mit der Veredelung des Produktes zu tun, denn Schweinefleisch und dazu gar noch die Fettschicht ist heute mit dem Gesundheitsdogma in der Ernährung schwer vereinbar, aber aus dem deftigen Bauernspeck ist ein feiner Schinken geworden und „die" Südtiroler Spezialität schlechthin. Eine Speckmarende mit einem „kirnigen" Bauernspeck, Schüttelbrot oder Vinschgerln und dazu einem feinen Vernatsch-Wein ist ein absolutes Muss des kulinarischen Südtirols.

TIPP

Achten Sie schon beim Kauf auf das Qualitätszeichen Südtirol.

Was macht die Qualität aus?

Wie muss er beschaffen sein, damit der Südtiroler Speck die Qualitätsbezeichnung g. g. A (geschützte geografische Angabe) erhält? Das beste Stück, also der magere Schenkel, wird zur „Hamme" verarbeitet, entbeint, mit fein dosierten Gewürzen und wenig Salz, drei bis vier Wochen lang gepökelt. In dieser Zeit bilden sich Geschmack und Farbe, dann wird er behutsam eine gute Woche geräuchert, wobei die Temperatur des Rauches die 20 °C nicht überschreiten darf. Ganz wichtig ist die anschließende Lufttrocknung von mindestens 22 Wochen bei etwa 15 °C. Dann ist er richtig „kirnig", was schwer ins Hochdeutsche zu übersetzen ist, aber den Zustand an Festigkeit beschreibt, den ein echter Südtiroler Speck haben muss.

2 SÜDTIROLER BROT

GUTSCHEINE

für dieses Produkt finden Sie auf den Seiten **235, 237 und 260**

INFOBOX

TOP, weil die Südtiroler Spezialitäten noch echtes Bauernbrot sind.

VOM BAUERNBROT ZUM FEINEN FRÜCHTEBROT – Brot ist nicht gleich Brot, das weiß man gemeinhin, denn jede Kultur hat ihr eigenes Brot entwickelt. Ob nun die Küche dem Brot angepasst wurde oder umgekehrt, ist schwer zu sagen. Dass das Verhältnis ein enges ist, ist wohl auch klar. Die Südtiroler brauchen für den Speck auf jeden Fall ein zünftiges Bauernbrot, gleichgültig, ob es ein Vinschger Paarl, ein Schüttelbrot oder ein Pusterer Breatl ist. Diese Brotsorten werden übrigens noch immer nach denselben alten Rezepten zubereitet wie anno dazumal. Von der Vielzahl an Brotsorten sollen hier die drei typischsten vorgestellt werden.

Was macht die Qualität aus?

Eine Besonderheit ist **das Schüttelbrot,** der Name verrät bereits etwas über die Herstellung. Ein sehr weicher Teig aus hellem und dunklem Roggenmehl wird zu runden Teiglingen geformt, verflacht dann durch die Gärung auf etwa 3 Zentimeter Dicke und wird dann auf bemehlten Holzbrettern so lange geschüttelt bis die Teiglinge ganz flach sind. **Das „Vinschgerl"** ist ein Roggenbrot aus Sauerteig, mit Anis, Kümmel, Fenchel, Brotklee oder Koriander gewürzt, und die Teiglinge werden paarweise zusammengebacken, deshalb der Name Vinschger Paarlbrot.

Der Zelten ist ein Früchtebrot, das früher nur zu hohen Feiertagen zubereitet wurde. Er schmeckt um so besser, je mehr Früchte und je weniger Mehl er enthält. Die Zusammensetzung der Früchte war und ist noch heute unterschiedlich. Waren es früher nur getrocknete Birnen, Feigen, Nüsse und Rosinen, so werden heute dem Roggenteig auch Datteln, Mandeln, Pinienkerne, Zitronat und Aranzini (Orangeat) beigegeben und mit kandierten Früchten verziert. Mahlzeit!

TIPP

Achten Sie schon beim Kauf auf das Qualitätszeichen Südtirol.

Qualität SÜDTIROL

3 SÜDTIROLER APFEL

GUTSCHEINE

für dieses Produkt finden Sie auf den Seiten **222 und 235**

INFOBOX

TOP, weil der Südtiroler Apfel ein echter Alpenapfel ist.

EINE ERFOLGSGESCHICHTE – Dass diese Symbolfrucht im botanischen Latein „malus" genannt wurde, hat wohl mit dem biblischen Sündenfall zu tun und steht im krassen Widerspruch zum englischen Sprichwort: „One apple a day keeps the doctor away".

Dass dem so ist und auch in Zukunft so bleibt, ist das Bestreben der Südtiroler Apfelbauern, die entsprechend einem strengen Qualitäts- und Umweltkonzept anbauen müssen, um das Prädikat „Südtiroler Apfel" zu erhalten. Vermarktet werden die Produkte aus dem Etschtal als „Marlene" und aus dem Vinschgau als „Vi.P Vinschgau", und drinnen sind jene Sorten, die das Südtiroler Erfolgsrezept ausmachen: Golden Delicious, Red Delicious, Morgenduft, Elstar, Winesap, Gala, Granny Smith, Jonagold, Pinova, aber auch ganz neue Sorten wie Kika und Pink Lady.

TIPP

Achten Sie schon beim Kauf auf das Qualitätszeichen Südtirol.

Südtiroler Apfel g.g.A.
SÜDTIROL

Was macht die Qualität aus?

Integrierter Anbau und Pflanzenschutz nach Eurepgap oder Bio-Anbau sind die Qualitätsmerkmale. Die Bergware, die so um die 600 Meter Höhe angebaut wird, zählt zu den begehrten Produkten. Immer neuere Anbaumethoden müssen experimentell gefunden werden, um schonend und ohne Verwendung von Giften die größte landwirtschaftliche Produktion Südtirols marktfähig zu halten und das Vertrauen ihrer Konsumenten zu verdienen. 800000 Tonnen werden jährlich von den Bauern zu den Obstgenossenschaften im Vinschgau, im Etschtal von Meran bis Salurn und im Eisacktal angeliefert. Das Qualitätszeichen garantiert den gesunden Apfelgenuss.

4 VINSCHGER MARILLE

GUTSCHEINE

für dieses Produkt finden Sie auf den Seiten **220 und 222**

INFOBOX

TOP, weil diese Frucht einen unverwechselbaren Geschmack entwickelt.

EINE BESONDERE FRUCHT – Die Vinschgauer Marille ist eine besondere Frucht gleich im doppelten Sinn. Einmal ist sie von einzigartigem Geschmack, und andererseits ist sie sehr rar geworden. Beginnen wir mit dem Problem. Einst war diese Steinfrucht der landschaftsbeherrschende Obstbaum im Vinschgau von Naturns bis nach Laas, eingebettet in ein weites Ackergebiet. Letzteres ist völlig verschwunden, die Marille gibt es noch – und zunehmend wieder mehr. Der Anbau hat den Bauern viel Sorge bereitet, deshalb sind sie auf den rentableren Apfelanbau umgestiegen, aber eine alte Liebe rostet nicht.

Was macht die Qualität aus?

Was macht den besonderen Geschmack aus? Klima, Boden und Sorte sind das Geheimrezept, aber selbst wenn es nicht die Vinschgauer Marillensorte ist, bekommt die Frucht in diesem Anbaugebiet ein unverwechselbares Aroma. Das Klima ist bestimmt durch wenig Niederschlag, ständiger Luftzug erfrischt das ganze Tal und verhindert Stauwärme. Der moderne Anbau verwendet Tropfberegnung, sodass die Bäume, weder Blatt noch Frucht, nass werden und die Feuchtigkeit nur die Wurzeln erreicht. Ob als Frischfrucht oder Marmelade und ganz besonders als Obstbrand verführt sie im Geruch und im Geschmack zu einem besonderen Genuss.
Etwas Besonderes ist das Fest „Marmor und Marillen" zu Ehren der edlen Frucht aus dem Vinschgau und des weltbekannten Laaser Marmors.

TIPP

Tourismusverein Schlanders-Laas

Im Zentrum des Marillenanbaus findet am ersten August-Wochenende das Fest „Marmor & Marillen" statt. Mit Kulturprogramm und Gastronomie.

Göflaner Straße 27
I-39028 Schlanders
Tel. 0039 0473 730155
www.schlanders-laas.it

5 SÜDTIROLER BEEREN

GUTSCHEINE

für dieses Produkt finden Sie auf den Seiten **222 und 247**

INFOBOX

TOP, weil die Köstlichkeit aus Südtirols Hochtälern stammt.

EINE KÖSTLICHKEIT AUS SÜDTIROLS BERGEN – Früher pflückten die Frauen am Bergbauernhof die Waldbeeren und brachten sie in Körben selbst in die Stadt, zu Fuß natürlich. Das ist heute nicht mehr denkbar, aber die Vorstellung von Qualität ist geblieben. Warum nicht Erdbeeren, Himbeeren und Johannisbeeren selbst züchten und als Zubrot vermarkten, dachten sich einige Jungbauern und begannen im Martelltal, im Ultental und im Pustertal mit der Pflanzung auf 800 bis 1600 Metern Meereshöhe. Auch im Eisacktal und am Ritten erkannten Bauern die Vorteile ihrer steilen Hänge für den Beerenanbau.

Was macht die Qualität aus?

Die Höhenlage ist das eigentliche Qualitätsrezept für Beeren: Wenn sie sonnig ist, gedeihen die Früchte langsam, das Klima ist trocken und die Beeren entwickeln jenes volle Aroma, das uns an den Geschmack der Kindheit erinnert. Die Pflanzen sind widerstandsfähiger, sortentypische Schädlinge fehlen großteils, deshalb ist eine schonende Anbauweise möglich. In der Erntezeit von Juni bis August kommen die Früchte frisch auf den Tisch, begehrt als Frischware für köstliche Nachspeisen oder zur schonenden Verarbeitung zu unverwechselbaren Marmeladen. Wer sich regelmäßigen amtlichen Kontrollen unterzieht und ein Pflichtheft führt, bekommt das Südtiroler Qualitätszeichen. Ein Tipp: Achten sie beim Kauf auf die Frische und Unversehrtheit der Früchte; schonend im Wasserbad und nicht unter dem Wasserstrahl waschen, erst dann Kelchblätter und Stängel entfernen!

TIPP

Marteller Erzeuger Genossenschaft

Verkaufspunkt der Marteller Qualitätsbeeren und Spezialitäten. Marteller Beerenfest zur Erntezeit im Juli.

Ennewasser 249
I-39020 Martell
Tel. 0473 744700
www.vip.coop/meg

6 SARNER LATSCHE

GUTSCHEIN

für dieses Produkt finden Sie auf der Seite **238**

INFOBOX

TOP, weil dieses Produkt einen so hohen Grad an Authentizität hat.

DIE KRAFT AUS DEN BERGEN – Die Latsche ist ein Zwergwuchs des Kiefernholzes, gedeiht an sonnigen, hochgelegenen Berghängen und ist typisch für die Kalkalpen. Im Südtiroler Sarntal ist das anders, hier wächst die Latsche auf sogenannten sauren Böden, ist im Sommer warmem Klima ausgesetzt, und die Winter sind inneralpin kalt. Dieser Gegensatz prägt die besondere Form und die alpine Qualität dieses Gewächses. Die Sarner Latsche ist ein Wildwuchs aus nachhaltiger Waldwirtschaft.

Was macht die Qualität aus?

Aus der Latsche wird ein besonderes Öl mit einem frisch balsamischen, holzig-harzigen angenehmen Waldduft hergestellt. Der Vorgang des Brennens hat eine lange Tradition in diesem Land, bei der schonenden Wasserdampfdestillation wird aus 250 kg Latschennadeln 1 kg hochwertiges Öl gewonnen. Das zelluläre Gewebe wird angeregt, körpereigene Mechanismen werden potenziert, die Zellaktivität wird trainiert, das Ergebnis ist eine gesündere Haut.

Die Produkte der zertifizierten Biokosmetik sind als ätherisches Öl für Aroma und Entspannungsbäder erhältlich, als Hautcreme, Duschgel, Fußgel, Shampoo, Körperöl und Körpermilch. Aus den Latschenzapfen wird auch ein feines Mehl für das Körperpeeling hergestellt. Eine komplette Linie für die Körperpflege wurde unter wissenschaftlicher Beratung aus einem Wildgewächs kreiert.

3200 m
2800 m
2400* m
2000 m
1600* m
1200 m
800 m
400 m

7 SÜDTIROLER KÄSE

GUTSCHEINE

für dieses Produkt finden Sie auf den Seiten **225 und 261**

INFOBOX

TOP, weil Südtiroler Käsegenuss vom Mozzarella bis zum Almkäse reicht.

DIE BESONDERE SPEZIALITÄT – Wer durch Südtirol fährt und die gewaltigen Obst- und Weinanlagen sieht, denkt nicht an ein Weideland, und doch produziert diese Region jede Menge Milch. Daraus lassen sich herrliche Käsesorten bereiten, und da die Bergmilch aus dem besseren Futter kommt, schmeckt auch der Käse einmalig. Südtirol hat keine besondere Tradition beim Käsemachen, sieht man einmal vom Graukäse ab, der am Bauernhof gemacht wurde, aber die vielen Sennereien, die entstanden sind, mussten pfiffige Rezepte erfinden, um am Markt bestehen zu können. Das Grundprodukt ist hervorragend, also muss auch der Käse gut werden – und so entstanden der „Stilfser" im Vinschgau, der „Alta Badia", der „Dolomitenkönig", der „Pustertaler Bergkäse" und der Weinkäse „Lagrein".

Was macht die Qualität aus?

Alle diese Sorten werden ausschließlich aus naturbelassener Frischmilch zubereitet. Besondere Aufmerksamkeit wird der Fütterung gewidmet, deshalb sind Südtiroler Käsesorten garantiert aus frei von Gentechnik produzierter Milch. Natürlich ist bei der Aufzucht der verschiedenen Rinderrassen der Einsatz von Antibiotika und Hormonen untersagt.

Mittlerweile wird aus Südtiroler Milch auch Frischkäse produziert, darunter vor allem der Mozzarella, den wir den Italienern abgeschaut haben, und der bei uns als Stange, Kugel oder in Form von „Minis" zu erhalten ist.

TIPP

Achten Sie schon beim Kauf auf das Qualitätszeichen Südtirol.

Qualität Südtirol

8 SÜDTIROLER SEKT

GUTSCHEINE

für dieses Produkt finden Sie auf den Seiten **242, 245 und 256**

INFOBOX

TOP, weil die Südtiroler auch diese Herausforderung gemeistert haben.

DIE NEUESTE HERAUSFORDERUNG – Südtirol hat eine lange Tradition im Weinbau, nachweislich haben römische Kaiser rätischen Wein für die edle Tafel der Aristokraten georordert, und der stammte mit Sicherheit aus Südtirol. Aber beim Sekt hat sich dieses Land an eine neue Herausforderung gewagt. Die Herstellung dieses edlen Saftes ist kompliziert und technisch raffiniert. Um es gleich vorweg zu klären, italienischer Schaumwein darf sich nur „vino spumante" nennen, auch wenn er nach der „méthode champenoise", also nach klassisch französischem Vorbild produziert wird.

Was macht die Qualität aus?

Es gibt also keinen Südtiroler Champagner, dafür aber mehrere Produkte, die nach der Methode der Flaschengärung hergestellt sind. Die Mengen sind klein, aber fein, denn zu einem guten Sekt braucht es vor allem guten Weißwein und Rotwein. Den hat Südtirol zwar, aber der wird vor allem für die Sortenweinherstellung verwendet. Es hat Pioniere gegeben, die es gewagt haben bei diesem hochwertigen Markenprodukt mitzumischen, und die haben den Südtiroler Sekt in mehreren Varianten kreiert.
Warum hat Südtirol die höchstgelegene Sektkellerei in Europa? Vielleicht, weil dort das Klima besser und der Pioniergeist am höchsten ist.

TIPP

Sektkellerei Arunda
Auf 1200 Meter wird im besonderen Bergklima Sekt nach „méthode champenoise" (Flaschengärung) produziert: „Arunda" und „Vivaldi" auch im guten Weinhandel erhältlich.

Dorf 53, I-39010 Mölten
Tel. 0471 668033
www.arundavivaldi.it
Täglich 8–12 u. 14–18 Uhr geöffnet, Sa 8–12 Uhr, Sonntag geschlossen.

9 SÜDTIROLER GRAPPA

GUTSCHEINE

für dieses Produkt finden Sie auf den Seiten **241, 245 und 246**

INFOBOX

TOP, weil der Grappa längst ein Edelgetränk geworden ist.

VOM BAUERNSCHNAPS ZUM EDELGETRÄNK – War der Schnaps, auch Treber genannt, sofern er aus Trestern gebrannt wurde, früher nur als bäuerlicher Seelentröster belächelt, ist der modern und kontrolliert hergestellte „Grappa" zum Edelgetränk aufgestiegen, und das haben wir den italienischen Vorschriften zu verdanken. Grappa, der Name stammt von Grappolo, was so viel wie Traube heißt, darf sich nur nennen, was in Italien aus Trestern gebrannt wurde, das sind die Schalen der gepressten Trauben.

Was macht die Qualität aus?

Die Produktion wird streng kontrolliert. Gott sei es gedankt muss Grappa völlig frei von Zusatz- oder Veredelungsstoffen hergestellt werden und darf nur als Grappa abgefüllt werden, wenn die nationale Verkostungskommission dem Getränk mindestens 75 von 100 Qualitätspunkten zuerkennt. „Südtiroler Grappa" wurde erst 1990 als Schutzmarke eingeführt und beruht auf nationalen und europäischen Qualitätsregeln. In Südtirol wird Grappa als reinsortiges Destillat, wie Müller-Thurgau, Gewürztraminer, Lagrein, Blauburgunder etc., als auch aus gemischtem Satz hergestellt. Wichtig ist beim Grappa nach der Destillation natürlich die Lagerung, wobei sich Geschmack und Aroma entfalten. Er muss mindestens sechs Monate lagern; kommen bei der Holzfasslagerung noch sechs Monate im Glasballon hinzu, darf er als „stravecchia" oder „riserva" bezeichnet werden.

TIPP

Achten Sie schon beim Kauf auf das Qualitätszeichen Südtirol.

Qualität SÜDTIROL

TIPP

Hofbrennerei Ausserloretz-Hof

Prämierte hochwertige Edeldestillate von Marille, Apfel-Hagebutte, Apfel-Rosenblüte, Braeburn und Grappas.
Urlaub auf dem Hof.

Schießstandweg 11
I-39023 Laas
Tel. 0039 0473 626281
www.ausserloretzhof.it

10 SÜDTIROLER LODEN

GUTSCHEIN

für dieses Produkt finden Sie auf der Seite **253**

INFOBOX

TOP, weil aus Loden edle Kleidungsstücke gefertigt werden.

VOM BAUERNROCK ZUR ABENDROBE – Aus diesem Stoff entstehen Kleidungsstücke zum Wohlfühlen. Erfunden wurde der Loden in den Tiroler Bergen, weil er die klimatischen Wechselbedingungen am besten meistert, gleichgültig, ob man sommerlichen Temperaturen ausgesetzt ist oder sich vor der Abendkühle schützen möchte. Im Winter dann entfaltet er seine wirklichen Qualitäten – als Kälte-, aber auch als Windschutz.

In Bozen erzählt man sich eine Geschichte, die wahr sein könnte: Ein Sommerfrischler am Ritten (siehe Top „Landschaften", S. 18) geriet in ein Gewitter, und während des Unterschlupfes lernte er bei einem Bauern das bäuerliche Tuch kennen, wasserabweisend und wärmend. Der Loden wurde in der industriellen Produktion weiterentwickelt, der Schafwolle wurde Merinowolle beigemischt, und heute wird dieses Tuch, je nach Bedarf an Geschmeidigkeit, mit Wolle der Alpaka und sogar mit Mohair und Kaschmir verfeinert.

Was macht die Qualität aus?

Die Kunst, einen guten Loden herzustellen, ist aber dieselbe geblieben: Das Vlies, so heißt die frisch geschorene Schafwolle, wird in fünf Teile geschnitten, vorgewaschen, als Flocke eingestampft, gefärbt und getrocknet. Am Ende wird der Loden aufgekratzt, eingedampft und glattgeschoren, nach dem Bürsten und Scheren hat er endlich seinen Wasserglanz und ist fertig für den Schneider. Wie das alles funktioniert, kann man im Lodenmuseum in Vintl miterleben – und edle Kleidung aus diesem Stoff auch kaufen.

Immer feinere und weichere Lodenqualitäten haben diesen Stoff nicht nur für anspruchsvolle Konfektion, sondern auch für die Haute Couture begehrt gemacht. Aus der früheren Winter- ist heute eine Allroundbekleidung geworden, gleich, ob im Designerstil oder als altösterreichische Abendrobe.

10 WEINGEBIETE

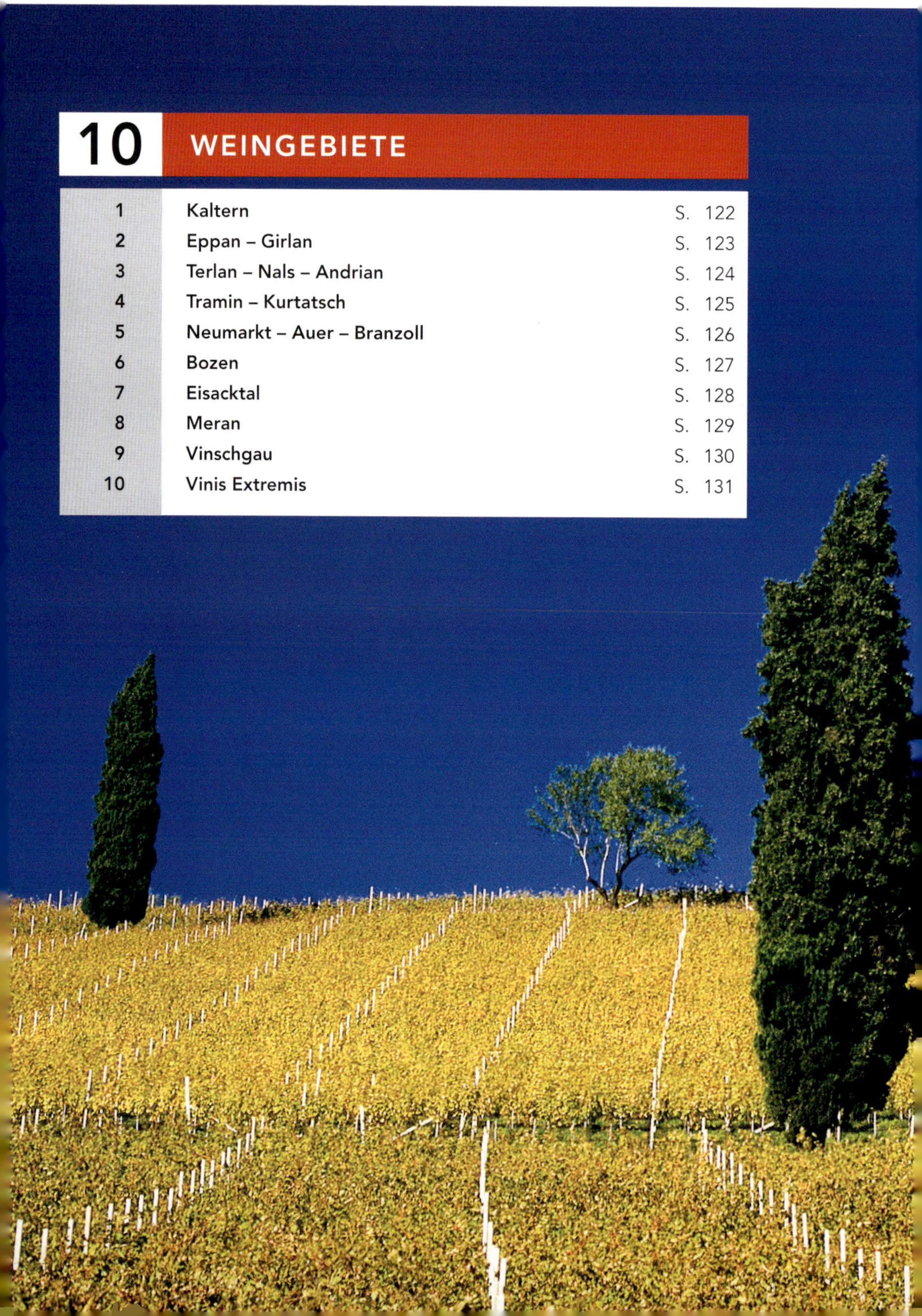

Weinlandschaft | Kaltern

1 KALTERN

GUTSCHEINE

für dieses Gebiet und Umgebung siehe Seiten **241 – 245**

INFOBOX

TOP, weil es hier „ausgezeichnete" Weine gibt.
Kellerei Kaltern: Vernatsch „Gröbnerhof" 2005; Castel Giovanelli – Passito Serenade
Kellerei Ritterhof: Pinot Grigio 2005
Niklaserhof: Kalterersee Auslese 2005; Kerner 2005

Im Weingebiet Kaltern herrscht die Vernatsch-Rebe vor. Diese Weinrebe ist weiterhin die meistangebaute in Südtirol. Die Moränenböden und das Mikroklima rund um den Kalterer See verleihen den Weinen ihre Charakteristik. An Weißweinen werden Chardonnay, Weißburgunder, Müller-Thurgau, Gold- und Rosenmuskateller angebaut.

Wo liegt das Weingebiet?

Das Gemeindegebiet Kaltern ist die Heimat des „Kalterersee", die Anbauflächen erstrecken sich rund um das Dorf Kaltern bis hinunter zum Kalterer See.

Welche Weine sind typisch?

Die DOC-Weine **Kalterer** oder **Kalterersee** und **Kalterersee Auslese** haben hier ihren Ursprung. Das DOC-Gebiet erstreckt sich auch auf die anderen umliegenden Gemeinden, in Kaltern gedeiht er am besten. Charakteristik: Der Kalterersee ist ein leichter, fruchtiger und bekömmlicher Rotwein; hellrubin in der Farbe, mild und im Geschmack leicht an Bittermandeln erinnernd. Ein klassischer Vernatsch-Wein und somit ein typischer Südtiroler.

Blick auf den Kalterer See

EPPAN – GIRLAN

2

Im Überetsch wird vornehmlich die Vernatsch-Rebe angebaut, aber auch fast alle anderen Sorten, die in Südtirol gedeihen und für dieses Land so typisch sind. Diese Spezialität in einem Dorf macht die Wahl zur Qual, aber das Probieren ist die vortrefflichste Übung für Weinliebhaber.

Wo liegt das Weingebiet?

Das Weingebiet liegt im Überetsch, also in der klassischen Weingegend Südtirols, und umfasst die Großgemeinde Eppan; das Weindorf Girlan ist ein Teil davon. Vernatsch-Weine und Weißweine gedeihen gleichermaßen gut.

Welche Weine sind typisch?

Südtiroler Vernatsch: DOC-Wein aus der großen Familie der Vernatsch-Reben, Eppan ist auch im DOC-Gebiet des „Kalterersee". Besonders hervorzuheben ist der Grauvernatsch, der immer rarer wird. Charakteristik: leichter bekömmlicher Rotwein, hellrubin in der Farbe, fruchtig im Geschmack, intensiv und rund.
Südtiroler Weißburgunder: DOC-Wein aus der Pinot-Blanc-Rebe. Charakteristik: fruchtig-frischer Weißwein, grünlichgelb und sehr fruchtig (Apfel) im Geruch, frisch und mit angenehmer Fülle im Geschmack.

GUTSCHEINE

für dieses Gebiet und Umgebung siehe Seiten **241 – 245**

INFOBOX

TOP, weil es hier „ausgezeichnete" Weine gibt.
Kellerei St.Michael Eppan: Sauvignon St.Valentin
Kellerei Ansitz Waldgries: St.Magdalener
Kellerei Niedrist: Terlaner Weißburgunder 2005
Kellerei Martini und Sohn: Riesling 2005; Weißburgunder Lamm
Kellerei Girlan: Sauvignon Lafòa 2005

Die Gleifkirche und St. Michael/Eppan

3 TERLAN – NALS – ANDRIAN

GUTSCHEINE

für dieses Gebiet und Umgebung siehe Seiten **225 – 237**

INFOBOX

TOP, weil es hier „ausgezeichnete" Weine gibt.
Kellerei Terlan: Weißburgunder Riserva Vorberg; Chardonnay; Sauvignon Quarz 2004; Klassischer Terlaner 2005

TIPP

Gasthof Schwarzer Adler
Hotel in ruhiger Lage, antikes Flair, Tiroler Stube, Terrasse im Weinberg, typische Südtiroler Küche.

St.-Urbans-Platz 4
I-39010 Andrian
Tel. 0039 0471 510288
www.schwarzeradler-andrian.net
März–Jan. geöffnet
Mo ganztägig und
Di bis 17 Uhr geschlossen

Im Gebiet gedeihen bekannte Weißweine – der Terlaner, als Weißburgunder und Chardonnay angebaut, aber auch Sauvignon und Riesling. Die Gemeinden Nals und Andrian gehören im Rotweinbereich noch zum DOC-Gebiet des Kalterersee, zusätzlich wird auch Merlot gekeltert. In Terlan sind die besten Lagen den Weißweinen vorbehalten, in Nals und Andrian werden Weißburgunder, Sauvignon und Vernatsch angebaut.

Wo liegt das Weingebiet?

Die Weingebiete Terlan, Nals und Andrian liegen zwischen Bozen und Meran auf der südlichen Seite der Etsch.

Welche Weine sind typisch?

Der **Terlaner Klassisch** (Weißburgunder, Chardonnay und Sauvignon): DOC-Wein. Charakteristik: fruchtiger Weißwein, hell bis grüngelblich in der Farbe, leicht nach Apfel riechend, frisch und voll im Geschmack.
Der **Terlaner Sauvignon:** DOC-Wein. Charakteristik: ein feiner aromatischer Weißwein, grünlichgelb in der Farbe, leicht nach Gras riechend, frisch und anhaltend würzig im Geschmack.

Rebanlagen in Terlan

TRAMIN – KURTATSCH

4

Im Gebiet gedeiht der weltbekannte Gewürztraminer, der wohl den Namen vom Weindorf Tramin erhalten hat. Ob auch die Rebe aus Südtirol stammt, wissen wir nicht. Weiters gedeihen vortrefflich Ruländer, Sauvignon, Rosenmuskateller und bei den Rotweinen Cabernet und Merlot.

Wo liegt das Weingebiet?

Die Orte liegen auf der rechten Etschseite. Die Lagen reichen von den Schwemmhügeln bis hinauf ins Mittelgebirge.

Welche Weine sind typisch?

Der **Gewürztraminer:** ein DOC-Wein aus der gleichnamigen Rebe, wird auch in Kurtatsch, Neumarkt und Montan angebaut. Er eignet sich vorzüglich zum Ausbau als Süßwein (Passito). Charakteristik: eleganter aromatischer Weißwein, hellgelb bis strohgelb in der Farbe, sortentypisch im Geruch und würzig kräftig im Geschmack.
Der **Südtiroler Cabernet:** ein DOC-Wein aus Cabernet-Sauvignon und Cabernet-Franc-Rebe, wird auch in Margreid, Neumarkt, Branzoll und Auer angebaut. Häufig im Holzfass ausgebaut und als Cuvée mit Merlot abgefüllt. Charakteristik: schwerer Rotwein mit ausgeprägtem Aroma, dunkelgranatrot, leicht nach Grasnuancen riechend, anhaltend kräftig im Geschmack.

GUTSCHEINE

für dieses Gebiet und Umgebung siehe Seiten **241 – 245**

INFOBOX

TOP, weil es hier „ausgezeichnete" Weine gibt.
Kellerei Tramin: Gewürztraminer Nussbaumer 2005; Gewürztraminer Passito Terminum; Südtiroler Grauvernatsch
Elena Walch: Gewürztraminer Kastelaz; Kermesse 2003

St. Georg in Graun

5 NEUMARKT – AUER – BRANZOLL

GUTSCHEINE

für dieses Gebiet und Umgebung siehe Seiten **245 – 246**

INFOBOX

TOP, weil es hier „ausgezeichnete" Weine gibt.
Kellerei Franz Haas: Manna – Weißwein in Barrique
Kellerei Lentsch: Moscato 2005

Das Gebiet hat die besten Lagen für den Blauburgunder, der im Mittelgebirge des Unterlandes auch in höheren Lagen bestens gedeiht, weil er trockene Luft und Abendsonne braucht. In diesem Weingebiet werden weiters Merlot, Cabernet, Lagrein und Grauvernatsch als Rotweine sowie Weißburgunder, Ruländer und Welschriesling als Weißweine angebaut.

Wo liegt das Weingebiet?

Die Gemeinden liegen auf der linken Seite des Etschtals. Die Lagen reichen vom Talboden bis hinauf ins sonnige Mittelgebirge von Pinzon und Mazon.

Welche Weine sind typisch?

Der **Südtiroler Blauburgunder:** ein DOC-Wein aus der Blauburgunder-Rebe (Pinot Noir). Charakteristik: ein vollmundiger, gerbstoffreicher Rotwein, die Farbe reicht von leuchtend rubin bis dunkelrot, nach blauen Früchten duftend, intensiv, aber angenehm, weich-samtig und vollmundig im Geschmack. Dieser Wein widerspiegelt vortrefflich Boden und Klima und wird auch in Barriquefässern ausgebaut.

Weinhof in Vill, bei Neumarkt

BOZEN

6

In diesem Gebiet gedeihen zwei der bekanntesten Weine Südtirols, der St. Magdalener und der Grieser Lagrein; entsprechend unterschiedlich sind die Böden, auf denen sie wachsen: auf Moränenschotter der erste und auf flachen Sandböden der zweite. Der Grieser Lagrein wurde früher vor allem als „Kretzer", d. h. als Roséwein, getrunken.

GUTSCHEINE

für dieses Gebiet und Umgebung siehe Seiten **237 – 240**

INFOBOX

TOP, weil es hier „ausgezeichnete" Weine gibt.
Kellerei Bozen:
Lagrein Taber; St. Magdalener Huck am Bach
Untermoserhof:
Lagrein Riserva
Muri Gries:
Lagrein Abtei Riserva
Unterganzner:
Chardonnay 2005

Wo liegt das Weingebiet?

Bozen ist auch eine Weinstadt, befinden sich doch Weinlagen wie St. Magdalena, St. Justina, Leitach und vor allem Gries in ihren Gemeindegrenzen.

Welche Weine sind typisch?

Der **St. Magdalener:** DOC-Wein aus Vernatsch und 10% Lagrein oder Blauburgunder. Charakteristik: der kräftigste der Südtiroler Vernatsch-Weine, dunkelrubin in der Farbe, Veilchengeruch und samtig im Geschmack.
Der **Grieser Lagrein:** DOC-Wein aus der autochtonen Rebe Lagrein, kommt also nur in Südtirol vor. Charakteristik: dunkelrot, leicht herb, aber samtig voll im Geschmack, wird auch im Holzfass ausgebaut.

St. Magdalena mit Rosengarten

7 EISACKTAL

GUTSCHEINE

für dieses Gebiet und Umgebung siehe Seiten **247 – 252**

INFOBOX

TOP, weil es hier „ausgezeichnete" Weine gibt.
Stiftskellerei Neustift: Silvaner Praepositus; Kerner Praepositus
Eisacktaler Kellerei: Kerner Aristos; Kuenhof-Pliger; Riesling Kaiton
Pacherhof-Huber: Silvaner Alte Reben
Köfererhof: Müller-Thurgau
Garlider: Silvaner 2005

Im Eisacktal gedeihen vor allem frische Weißweine. Der bekannteste unter ihnen ist der Silvaner, ein Weißwein, der in Südtirol hier am besten gedeiht. Weiters werden angebaut Veltliner, Müller-Thurgau, Kerner und Riesling.

Wo liegt das Weingebiet?

Die Weine gedeihen um Brixen und Klausen und entlang der Sonnenhänge von Feldthurns, Barbian und Villanders.

Welche Weine sind typisch?

Der **Silvaner:** DOC-Wein, der um Neustift seine besten Lagen hat. Charakteristik: angenehm frischer Weißwein, hellgelb bis grünlichgelb in der Farbe, zart im Geruch und frisch und fruchtig im Geschmack.
Der **Kerner:** ein Sortenwein, der fast ausschließlich im Eisacktal angebaut wird. Charakteristik: sehr fruchtiger Weißwein, gelb in der Farbe, kräftig im Geruch und anhaltend fruchtig im Geschmack.

Die Stiftskellerei Neustift in Brixen

MERAN

8

Im Burggrafenamt rund um Meran herrscht die Vernatsch-Rebe vor, die in allen Spielarten von Edel- bis Großvernatsch anzutreffen ist. Neue Sorten für das Gebiet, wie Blauburgunder, Cabernet und Merlot, werden zu interessanten Cuvées verarbeitet. Es gedeihen aber auch weiße Rebsorten wie Sauvignon, Weißburgunder und Chardonnay.

Wo liegt das Weingebiet?

Das Weingebiet umfasst Meran und die umliegenden Gemeinden Schenna, Dorf Tirol, Algund, Marling, Tscherms, Lana und Riffian.

Welche Weine sind typisch?

Der **Meraner/Meraner Hügel:** ein DOC-Wein, der zusätzlich die Bezeichnung „Burggräfler" tragen darf, wenn die Weine im engen DOC-Gebiet angebaut werden. Besondere Lagen werden als „Küchelberger" und „St. Valentiner" abgefüllt. Charakteristik: kräftiger und typischer Vernatsch-Wein, rubinrot in der Farbe, mild, anhaltend fruchtig und harmonisch im Geschmack. Die Vernatsch-Weine rund um den Küchelberg haben ganz eigene Nuancen und sind mit dem Kalterersee einige der klassichen Weinsorten Südtirols.

Plars bei Algund

GUTSCHEINE

für dieses Gebiet und Umgebung siehe Seiten **225 – 237**

INFOBOX

TOP, weil es hier „ausgezeichnete" Weine gibt.
Meraner Kellerei: Passito Sissi 2004
Burggräfler: Gewürztraminer Privat 2005

TIPP

Meraner Weinhaus
Top-Weinhaus Südtirols. Beste Vinothek Italiens 2004. 1800 internationale Weine, Spirituosen-Raritäten.

Romstraße 76
I-39012 Meran
Tel. 0473 232253
www.meranerweinhaus.com
Mo–Fr 8.30–12.30 und 14.30–19 Uhr
Sa 8.30–12.30 Uhr

9 VINSCHGAU

GUTSCHEINE

für dieses Gebiet und Umgebung siehe Seiten **220 – 224**

INFOBOX

TOP, weil es hier „ausgezeichnete" Weine gibt.
Falkenstein-Pratzner: Riesling
Unterortl: Riesling Castel Juval 2004

In diesem Gebiet hat sich in den letzten Jahren viel getan. War der Vinschgau früher für eher säuerliche Weine bekannt, haben sich die Anstrengungen auf den Anbau von Weißweinen positiv ausgewirkt. Riesling, aber auch Gewürztraminer, gedeihen, und selbst bei den Rotweinen hat sich das Gebiet mit dem Blauburgunder ein neues Image erkämpft.

Wo liegt das Weingebiet?

Die Lagen erstrecken sich sonnenseitig von Naturns bis Kastelbell, Reben werden bis hinauf nach Schlanders angebaut.

Welche Weine sind typisch?

Der **Riesling** (Rheinriesling) aus der gleichnamigen Rebe, ist ein Sortenwein und wird auch in Terlan angebaut. Charakteristik: eleganter Weißwein mit feinem Bukett, strohgelb in der Farbe, zartblumig nach Apfel und Pfirsich duftend und fein, frisch und elegant im Geschmack.

Kastelbell und Ortlergruppe

VINIS EXTREMIS 10

Wer sind diese Winzer?

Alois Lageder, Margreid:
Nach den Grundsätzen der Ganzheitlichkeit werden hier naturbelassene und sehr bekömmliche Weine gekeltert. Das Verständnis des Lebensraumes als Verantwortung für die zukünftigen Generationen ist das Fundament seines Handelns, Mut und Innovationsbereitschaft sind seine Stärke.

Rainer Zierock, Ansitz Dolomytos, Ritten-Unterinn:
Ein genialer Exzentriker, Agronom und Philosoph zugleich, keltert er am Ansitz Dolomytos auf 800 Meter Weine auf extreme Art und Weise. Das Resultat sind Weine, die alle Südtiroler Konventionen sprengen, radikal anders, offensiv, selbstbewusst, eine einzige Herausforderung.

Christian Kerschbaumer-Garlider, Feldthurns:
Ein Jungstar unter den Südtiroler Winzern, er hat im Eisacktal bis auf 650 Meter Höhe, in sehr steilen Lagen, Reben angebaut und produziert eigenwillige, persönliche, aber charaktervolle Weine. Extremer Anbau und eine extreme Vinifikation haben ihm preisgekrönte Veltliner und einen besonderen Blauburgunder gebracht.

Werner Morandell, Lieselehof, Kaltern:
Seit 1994 experimentiert er auf dem Lieselehof mit 300 Rebsorten auf einem „Lehrpfad Ebenspectrum". Zusammen mit dem Weinbauinstitut Freiburg haben pilzresistente Sorten wie Bronner Solaris, Johanniter, Chambourcin und Helios in Kaltern ihr Habitat gefunden. In Truden, auf der anderen Talseite, hat er auf 1130 Meter Höhe zusammen mit dem Künstler Robert Bosisio den höchsten Weinberg gepflanzt und einen erstaunlichen Süßwein vinifiziert.

GUTSCHEINE

für dieses Gebiet und Umgebung siehe Seiten **229, 231, 237, 243, 245, 246, 247 und 256**

INFOBOX

TOP, weil diese vier Südtiroler Winzer ihren eigenen Weg gehen: extremer Anbau von Reben und extremer Ausbau von Weinen.

TIPP

Merano International Weinfestival & Culinaria
Der exklusive Treffpunkt für Gourmets und Freunde des Weines, im glanzvollen Kurhaus steht das Beste vom Besten aus der Welt zur Degustation. 450 Wein-Produzenten und Köstlichkeiten der Kulinarik erwarten Sie zum Fest der Sinne.

www.meranowinefestival.com

Ötzi | Landesmuseum für Archäologie, Bozen

10 MUSEEN

1 ÖTZI-MUSEUM

GUTSCHEINE

für dieses Gebiet und Umgebung siehe Seiten **237 – 240**

BOZEN – Landesmuseum für Archäologie Südtirol. Grenzstreitigkeiten zwischen Österreich und Italien um 30 Meter, und der berühmte „Mann vom Hauslabjoch", wie er wissenschaftlich korrekt heißt, gehörte Südtirol. Den Namen haben ihm aber vorsichtshalber die Tiroler jenseits des Brenners gegeben, „Ötzi" als Diminuitiv für einen Ötztaler. Eine Sensation war der Fund 1991 allemal, weil bis damals niemand vermutet hätte, dass ein Mann aus der frühen Eisenzeit (Kupferzeit) in Hochgebirgsausrüstung über den Alpenhauptkamm spaziert. Das ist die eine Seite der Sensation, die andere ist, dass sich dieser Mann auf über 3000 Metern, todmüde oder tödlich verletzt, unter der Finailspitze in eine Mulde legt, stirbt und 5000 Jahre lang exzellent konserviert und von einem Südtirolurlauber entdeckt wird. Der Ötzi ist eine Sensation, und das Land Südtirol hat rund um seine Leiche und seine Ausrüstung ein sensationelles Archäologiemuseum eingerichtet, das die besten Stücke aus dem ganzen Land vereinigt. Von der Alt- und Mittelsteinzeit über die Kupfer-, Bronze- und Eisenzeit sind alle wichtigen Funde hier ausgestellt. Aber der geschichtliche Bogen spannt sich weiter über die Römerzeit und die Spätantike bis herauf in die Karolingerzeit. Zentraler Punkt bleibt doch der Ötzi, wie er mittlerweile von allen genannt wird, von dem man den pietätvoll ausgestellten Leichnam sehen kann, aber vor allem seine erstaunliche Bekleidung, Ausrüstung und Bewaffnung. Noch konnten nicht einmal alle Fundstücke eindeutig zugeordnet werden. Sehr anschaulich ist die wissenschaftliche Nachbildung des Mannes vom Hauslabjoch.

TIPP

Infos zur Museumcard:
Tel. 0471 631233
www.landesmuseen.it
Siehe Seite 137

Was kann man sehen?

Die gefriergetrockneten Überreste des Ötzi, die fein genähten Kleider, Schuhe und Grasmantel, das Kupferbeil, Dolch, Pfeile und Bogen. Die gesamte Ausrüstung ist sehr anschaulich ausgestellt. Vorbildlich sind die Rekonstruktionen von Behausungen und Siedlungsstrukturen aus diversen Epochen zu den Grabungs- und Fundorten in ganz Südtirol. Eine Spezialität sind die „Menhire", große Steinskulpturen aus Meran und dem Eisacktal.

Wie kommt man hin?

Das Landesmuseum für Archäologie liegt in Bozen zentral in der Museumstraße, die vom Bahnhof oder vom Waltherplatz aus bequem zu Fuß erreicht werden kann. Beschreibung für einen Stadtrundgang siehe bei Top „Städte und Dörfer" (S. 34). In der Reisezeit muss beim Eingang mit Wartezeiten gerechnet werden.

INFOBOX

TOP, weil in dieser Sammlung die Weltsensation „Ötzi" zu sehen ist.

Besichtigung:
Ganzjährig von 10–18 Uhr, Mo geschlossen, Juli/Aug./Dez. auch am Mo geöffnet,
Tel. 0039 0471 320100,
www.iceman.it

Das Landesmuseum für Archäologie

2 SÜDTIROLER NATURMUSEUM

GUTSCHEINE

für dieses Gebiet und Umgebung siehe Seiten **237 – 240**

BOZEN – Um Südtirols Naturlandschaft zu erleben, muss man nicht unbedingt ins Museum gehen, aber die wissenschaftliche Dokumentation der außerordentlich vielfältigen Landschafts- und Lebensformen, die sich in dieser Gegend entwickelt haben, kann man in diesem Museum auf eine angenehme Weise erleben: Der Weg durch die Ausstellungen entspricht einer Wanderung durch die Zeit – der Besucher orientiert sich an einem Farbleitkonzept und weiß so jederzeit, in welchen räumlichen und thematischen Zusammen-

Exponat im Naturmuseum

hängen er sich bewegt. Besonders gut dargestellt sind die unterschiedlichen geologischen Gegebenheiten, die das Land gestalten. In Modellen, Schaukästen und Querschnitten wird anschaulich und leicht verständlich erzählt, wie diese Landschaft entstanden ist – von der nacheiszeitlichen Entwicklung der Naturlandschaften bis herauf in unsere moderne Zeit. Untergebracht ist die Sammlung in einem interessanten historischen Gebäude, dem ehemaligen landesfürstlichen Amtsgebäude von Kaiser Maximillian im Zentrum von Bozen, das bereits um 1500 erwähnt wird. Erst 1973 wurde es dem Land Südtirol übergeben, umfassend restauriert und 1997 als Museum eröffnet.

INFOBOX

TOP, weil es umfassend und wissenschaftlich die Entwicklung der Naturlandschaft Südtirols dokumentiert.

Besichtigung:
Ganzjährig von 10–18 Uhr, Mo geschlossen,
Tel. 0039 0471 412964,
www.naturmuseum.it

Was kann man sehen?

Sonder- und Wechselausstellungen, häufig mit lebenden Tieren, die geologischen Zeiträume, Mineralien und Kristalle, das Korallenriffaquarium, die Gliederung der Höhenstufen, ihre Besiedlung durch Pflanzen und Tiere und die Belastung der Lebensräume durch das moderne Leben unserer Zeit.

Wie kommt man hin?

Das Naturmuseum liegt im Zentrum von Bozen – siehe die Beschreibung eines Stadtbummels bei Top „Städte und Dörfer" (S. 34).

TIPP

Die Museumcard *bietet 20 % Rabatt beim Eintritt in die Landesmuseen. Wie? Beim Kauf einer vollen Eintritts- oder Familienkarte bekommen Sie die „Museumcard" geschenkt. Sie ist ein ganzes Jahr für alle Ausstellungen und Veranstaltungen gültig.*
Infos: Tel. 0471 631233
www.landesmuseen.it

3 MESSNER MOUNTAIN MUSEUM FIRMIAN

GUTSCHEINE

für dieses Gebiet und Umgebung siehe Seiten **237 – 240**

BOZEN – Das Alpinmuseum im Schloss Sigmundskron. Schloss Sigmundskron steht beherrschend über dem Etschtal. Aus einer Wallburg ließen die Trientner Bischöfe einen Stützpunkt für ihre Machtansprüche bauen. Sigmund, genannt der Münzreiche, ließ die Anlage zum größten Schloss Südtirols ausbauen. Die längste Zeit war diese Anlage eine Ruine und verfiel zusehends, bis Reinhold Messner diese Burg für ein

Schloss Sigmundskron

Alpinmuseum nutzen wollte; im Jahr 2005 wurde restauriert und saniert, 2006 eröffnete der Bergsteiger und Schlossherr sein Museum, das sich neudeutsch nun „MMM Firmian" nennt, siehe Titel. Das Museum erzählt mit Exponaten und Bildern, was der Berg aus dem Menschen macht. Diese Begegnung Mensch/Berg ist das Leitmotiv der Ausstellung, die Reinhold Messner als interaktive Begegnungsstätte verstehen möchte. Für dieses Ansinnen ist die gesamte Schlossanlage mit einbezogen worden. Das Museum ist in seiner Art einmalig, weil die Anordnung der Schaustücke aus der Sammlung von Reinhold Messner diese Philosophie des Erzählens, vom Berg und vom Menschen, widerspiegelt und ihre Veränderungen in der Zeit dokumentieren soll.

INFOBOX

TOP, weil in der größten Burganlage Südtirols der Bergsteiger Reinhold Messner sein Alpinmuseum installiert hat.

Besichtigung:
Vom ersten So im März bis zum letzten So im Nov. von 10–18 Uhr, Mo geschlossen, Tel. 0039 0471 631264, www.messner-mountain-museum.it

Was kann man sehen?

Das Schloss selbst mit den sehr interessanten Restaurierungs- und Sicherungsarbeiten aus Glas und Stahl; die Darstellung der Geschichte des Schlosses und des Landes; der Erlebnisparcours zum „verzauberten Berg".

Wie kommt man hin?

Sigmundskron gehört zur Gemeinde Eppan und ist über die Überetscher Ausfahrt der Schnellstraße Meran–Bozen („MeBo") leicht zu erreichen, als „Messner Mountain Museum" gut ausgeschildert und mit einem großen Parkplatz versehen.

4 LANDESBERGBAUMUSEUM

GUTSCHEINE

für dieses Gebiet und Umgebung siehe Seiten **247 – 252**

MAIERN/RIDNAUNTAL – Um es gleich vorweg zu sagen: Das Landesbergbaumuseum Südtirol hat mehrere Standorte. Einmal der Museumbereich in Maiern, sein Gegenstück am Schneeberg in Passeier auf der anderen Seite des Berges und schließlich in Prettau, wo man ebenfalls die alten Stollen besuchen kann.

Eine umfassende Schau des Südtiroler Bergbaus erlebt man in Ridnaun, weil an diesem Ort noch bis 1985 unter Tage gearbeitet wurde und alle Gerätschaften von der Frühzeit bis zum Ende des Bergbaus erhalten geblieben sind. Auch die Erzaufbereitungsanlage und ihre Vorgänger sind zu besichtigen und werden in der originalen Funktionsweise vorgeführt. In einem 200 Meter langen Schaustollen wird die Entwicklungsgeschichte des Abbaus von Silber-, Blei- und Zinkblende dargestellt, von den primitiven Anfängen bis zum modernen Bohrgerät. Die Ausstellung im Arbeiterhaus dokumentiert das Leben der Knappen. Die Überreste der ehemaligen Transportanlage mit den Pferdebahnstrecken und den Bremswegen sind über einen Lehrpfad begehbar. Es werden auch Ganztagestouren zur Besichtigung der Bergwerkssiedlung am Schneeberg angeboten. Hinauf fahren die Teilnehmer per Bus, dann geht es zu Fuß über die Schneebergscharte zur alten Bergwerkssiedlung St. Martin, durch den Karlsstollen zurück und mit der Grubenbahn bis zum Poschhaus, wo man dem Bus entstiegen ist.

TIPP

Infos zur Museumcard:
Tel. 0471 631233
www.landesmuseen.it
Siehe Seite 137

Was kann man sehen?

In Ridnaun den Schaustollen, die Erzaufbereitungsanlagen und den Lehrpfad. Die Ausstellung im Arbeiterhaus und die Mineraliensammlung. Für den Stollenbesuch oben am Berg ist eine Ganztagestour einzuplanen. Die Bergwerkssiedlung am Schneeberg samt Schutzhaus und kleinem Museum kann man auch von der Timmelsjochstraße im Passeiertal aus besuchen. Für die ungefährliche Bergtour benötigt man 2 Stunden bis zum Schutzhaus am Schneeberg. Eine weitere Variante: Man besucht in Ridnaun nur das Museum, und in Prettau im Ahrntal befährt man einen alten Stollen mit der Grubenbahn.

Wie kommt man hin?

Bei Sterzing biegt man in das Ridnauntal ab und fährt bis nach Maiern, das am Ende des Tales liegt.

INFOBOX

TOP, weil hier die Geschichte des Südtiroler Bergbaus lebendig erzählt wird.

Besichtigung:
Von April bis Okt. von 9.30–16.30 Uhr, Mo geschlossen – außer Aug. und feiertags,
Tel. 0039 0472 656364,
www.bergbaumuseum.it

Das Landesbergbaumuseum in Maiern

5 LANDESMUSEUM FÜR VOLKSKUNDE

GUTSCHEINE

für dieses Gebiet und Umgebung siehe Seiten **252 – 261**

DIETENHEIM/BRUNECK – Das Bauernmuseum in Dietenheim. Was macht man mit einem behäbigen Ansitz im landwirtschaftlichen Grün, das weder Schloss noch Bauernhof ist? Man richtet ein Volkskundemuseum ein und zeigt die vielgestaltige bäuerliche Wohn- und Wirtschaftsarchitektur Südtirols. Der Ansitz wurde im 17. Jahrhundert vom Baron zu Sternbach errichtet. Ludwig Steub schreibt in seinen Reiseberichten darüber, und der Kaiser Franz Joseph, der zu Manövern hier weilte, soll das Haus als großartig empfunden haben. Es ist kein Volkskunstmuseum, sondern eine Ausstellung, die alle Bereiche des Arbeitens und Wohnens und des Volksglaubens zeigt. Viele Gegenstände müssen erklärt werden, weil der heutige Mensch sich nicht mehr vorstellen kann, was man einst damit angefangen hat, obwohl diese oft nur eine Generation alt sind. Interessant sind die unterschiedlichen Höfeformen und Wirtschaftsgebäude, denn es gibt nicht „den" Südtiroler Bauernhof, sondern je nach Gegend sehr unterschiedliche Architekturen.
Zu sehen sind auch Mühlen und die Urform einer Stube, das eigentliche Herzstück des Wohnens in einem Bauernhaus. Dieses Museum ist ein Lehrpfad der Kulturgeschichte des einfachen Volkes und seiner Alltagsarbeit in Hof und Feld.

TIPP

Infos zur Museumcard:
Tel. 0471 631233
www.landesmuseen.it
Siehe Seite 137

Was kann man sehen?

Der Ansitz und die Hauskapelle, die Hausapotheke des Bauerndoktors, die Wirtschaftsgebäude mit den Werkstätten und den Ackergeräten, Mühlen und Kornkästen, die vielen Haushaltsgeräte und die Devotionalien des bäuerlichen Volksglaubens. Zur Abhilfe von Hunger und Durst ist eine Museumsstube eingerichtet, in der man sich laben kann.

Wie kommt man hin?

Das Museum liegt in Dietenheim, einer Fraktion der Gemeinde Bruneck (siehe Beschreibung bei Top „Städte und Dörfer", S. 40), in schöner, sonniger Lage außerhalb der Stadt.

INFOBOX

TOP, weil dieses Freilichtmuseum die bäuerliche Bau- und Wohnkultur Südtirols zeigt.

Besichtigung:
Von Ostermontag bis Ende Okt. von 9.30–17.30 Uhr, So und feiertags 14–18 Uhr, Mo geschlossen, Tel. 0039 0474 552087, www.landesmuseen.it/de/volkskundemuseum

Das Volkskundemuseum in Dietenheim

6 WEINMUSEUM

GUTSCHEINE

für dieses Gebiet und Umgebung siehe Seiten **241– 245**

KALTERN – Die Geschichte des Südtiroler Weinbaus. Das Weinmuseum, 1955 gegründet und lange im Schloss Ringberg untergebracht, hat heute seine Bleibe im Zentrum von Kaltern gefunden, wo es auch hingehört. Im Zehentkeller der landesfürstlichen Pfandherrschaft, was nach Steuereintreibung klingt, ist das Weinmuseum jetzt

Weinpresse (Torggl) im Weinmuseum in Kaltern

untergebracht und bietet dem Besucher einen Überblick des Südtiroler Weinbaus vom 19. Jahrhundert herauf. Alte Geräte erzählen die Geschichte von der „Pergl" bis zur „Torggl", und nachdem dieser Wirtschaftszweig weitgehend die Alltagskultur bestimmt hat, wird auch das ganze Drumherum, vom Bauern, Händler und Weinsäumer, vom Fuhrmann und Fassbinder zum Saltner, ausführlich dargestellt. Auch eine Galerie von Männern, die sich um den Weinbau verdient gemacht haben, ist zu sehen, hier begegnen wir wieder dem Erzherzog Johann von Österreich (siehe Beschreibung bei Top „Schlösser und Burgen", S. 86), der in Weinkreisen auch „Schwefelapostel" genannt wird, weil er erkannt hatte, dass der Schwefel viele Probleme im Weinbau lösen kann.
Südtirol hat allen Wirtschaftszweigen ein Museum gewidmet, dieses ist das älteste.

Was kann man sehen?

Die große „Torggl", eine typische Südtiroler Weinpresse, den furchterregenden Saltner, einem Flurwächter, dem man in den Meraner Weingärten noch bis in die sechziger Jahre begegnen konnte. Besonders schön sind die alten Behälter und Gläser, was uns beweist, dass der Wein schon immer ein edles und teures Getränk war.

Wie kommt man hin?

Das Weinmuseum liegt zentral im Weindorf Kaltern (siehe Beschreibung bei Top „Städte und Dörfer", S. 48) an der Weinstraße, die Goldgasse findet man entlang der verkehrsfreien Hauptstraße.

INFOBOX

TOP, weil in diesem Museum eine Vielzahl von Gerätschaften und Kunstgegenständen zusammengetragen sind, welche die lange Tradition des Südtiroler Weinbaus aufzeigen.

Besichtigung:
Vom 1. April bis 11. Nov. von Di–Sa 10–17 Uhr, So und feiertags 10–12 Uhr, Mo geschlossen,
Tel. 0039 0471 963168,
www.landesmuseen.it/de/weinmuseum

TIPP

Infos zur Museumcard:
Tel. 0471 631233
www.landesmuseen.it
Siehe Seite 137

7 SÜDTIROLER OBSTBAUMUSEUM

GUTSCHEINE

für dieses Gebiet und Umgebung siehe Seiten **225 – 237**

LANA – Eine Wirtschaftsschau. Dass der Obstbau für Südtirol eine große Bedeutung hat, muss nicht eigens erwähnt werden. Wer einen Schritt ins Land tut, wird von den verschiedensten Formen seiner Kultivierung begleitet. Vom oberen Vinschgau bis Salurn reicht die durchgehende Anbaufläche und prägt deren Talsohle. Dass aber 10 % der europäischen Kernobsternte aus diesem Land stammen, ist trotzdem er-

Verschiedene Apfelsorten im Obstbaumuseum in Lana

staunlich. Das war nicht immer so, und das Museum in Lana erzählt, wie es dazu gekommen ist. Vom Mittelalter bis in die Gegenwart, von der Etschregulierung bis zum heutigen modernen Erwerbsobstbau reicht der Bogen der Darstellungen. Untergebracht ist dieses Museum in einem Ansitz, der um 1530 aus einem mittelalterlichen Wehrturm umgestaltet wurde. In 16 Schauräumen werden nicht nur alte Gerätschaften, sondern auch Dokumente und Modelle ausgestellt, in über 60 Schautafeln wird sehr anschaulich in Wort und Bild von den Entwicklungen dieser Landwirtschaft erzählt.

INFOBOX

TOP, weil dieses Museum die Geschichte vom Südtiroler Apfel erzählt.

Besichtigung:
Von Ostern bis Allerheiligen von 10–12.30 Uhr und von 14–17 Uhr, So und Mo geschlossen, Tel. 0039 0473 564387, www.obstbaumuseum.it

Was kann man sehen?

Die Gerätschaften zur Schädlingsbekämpfung, zum Frostschutz, zur Hagelabwehr und natürlich die alte Technologie zur Ernte. Die „Luanen" künden von der einstigen Größe der Bäume, „Kreben" und „Tschaggeln" zeigen, wie einst gepflückt und verpackt wurde. Reichliches Fotomaterial dokumentiert, wie es einmal war. Der Barocksaal im zweiten Stock des Ansitzes zeigt reiche Stuckverzierungen.

Wie kommt man hin?

Das Museum ist in Lana im Ansitz Larchgut unweit der Pfarrkirche Niederlana (siehe Beschreibung bei Top „Sehenswürdigkeiten", S. 168) untergebracht.

8 TOURISEUM

GUTSCHEINE

für dieses Gebiet und Umgebung siehe Seiten **225 – 237**

MERAN – Das Tourismusmuseum im Schloss Trauttmansdorff. Graf Trauttmansdorff hat dieses Schloss aus mittelalterlichen Ruinen wieder entstehen lassen, die österreichische Kaiserin Elisabeth, auch Sissi genannt, hat hier zweimal lange gewohnt und sich offensichtlich wohl gefühlt, und sie hat auch weite Wanderungen unternommen. Der Aufstieg Merans zum Kurort ist vor allem dem Adel aus Wien zu verdanken, der dieses Städtchen für Erholung und fürs Vergnügen entdeckt

Reisekoffer aus dem Touriseum im Schloss Trauttmansdorff

hat. Gerade deshalb ist dieses Gemäuer auch der richtige Ort, um die Entwicklung des Fremdenverkehrs in Südtirol zu dokumentieren. Verfällt ein Schloss in Südtirol, wird daraus ein Museum gemacht. Dieses Schloss ist ein wahrer Segen: drinnen das Tourismusmuseum, draußen ein botanischer Garten. Die Dauerausstellung zeigt über 7000 Objekte, das Herzstück ist aber ein Parcours, der durch 20 Räume führt und in anschaulicher wie auch vergnüglicher Art den langen Weg der touristischen Entdeckung und Entwicklung der Alpen bis zu den modernen Erschließungen erlebbar macht. Es ist das erste Museum im Alpenraum, das sich einem Zeitraum von 200 Jahren der Entwicklung des Reisens ausschließlich in diesem Gebiet widmet. Eingebettet in den botanischen Garten – siehe Beschreibung bei Top „Sehenswürdigkeiten" (S. 174) – ist das Schloss mit seinem Museum eine besonders gelungene Kombination von Ausstellung, Dokumentation, Erleben und Erholung an einem schönen Ort.

Was kann man sehen?

Die Rauminszenierungen des Parcours durch 200 Jahre Tourismusgeschichte. Viele Schaukästen laden zum Entdecken und Probieren ein. Den botanischen Garten drum herum als Sehenswürdigkeit „die Gärten von Schloss Trauttmansdorff" beschrieben.

Wie kommt man hin?

Das Schloss Trauttmansdorff ist in Meran an der Umfahrungsstraße nach Schenna gelegen und verfügt über einen eigenen Parkplatz. Von Süden über die MeBo kommend, zweigt man vor der Stadt rechts ab. Von der Stadt aus führt ein Linienbusdienst zum Schloss. Für einen ausgedehnten Spaziergang ist der „Sissiweg" zu empfehlen; der gut ausgeschilderte Weg beginnt in Meran an der Promenade und führt durch die Gilfpromenade und durch Obermais zum Schloss.

INFOBOX

TOP, weil diese Schau ein Parcours durch die Geschichte des alpinen Fremdenverkehrs ist.

Besichtigung:
Öffnungszeiten siehe „Die Gärten von Schloss Trauttmansdorff" (siehe Seite 174),
Tel. 0039 0473 270172,
www.touriseum.it

TIPP

Schnalstaler Gletscherbahnen
Höchste Seilbahn in Südtirol, Panoramaterrasse, Ötzi-Showgallerie, Ausstellung Gletscherwelten, Kombiticket mit Touriseum.

Kurzras 111
I-39020 Schnals
Tel. 0473 622171
www.schnalstal.com
Frühjahr bis Anfang Mai u. ab Mitte Juni geöffnet

9 MUSEUM LADIN

GUTSCHEINE

für dieses Gebiet und Umgebung siehe Seiten **252 – 261**

TIPP

Infos zur Museumcard:
Tel. 0471 631233
www.landesmuseen.it
Siehe Seite 137

ST. MARTIN IN THURN – Schloss Thurn, „Ciastel de Tor", wie es auf ladinisch genannt wird, wurde erst 1996 vom Land Südtirol gekauft und zur Heimstätte des ladinischen Museums ausgebaut. Als „Thurn an der Gader" war dieses Gemäuer einst Gerichtssitz für den ladinischen Kulturraum, also für alle Menschen, die im Dolomitenraum diese alte Sprache sprechen. Somit ist der Sitz des Museums selbst ein Teil der Geschichte dieses einzigartigen Kulturraumes. Gekennzeichnet ist Ladinien einmal durch seine Sprache, ein altes Volkslatein, das sich in der Abgeschiedenheit der Dolomitentäler erhalten konnte, und andererseits durch die Landschaft, die durch eine ganz besondere Geologie gestaltet wurde. Es wird die Geschichte von Deodat de Dolomieu erzählt, dem erstmals die wissenschaftliche Besonderheit des Gesteins auffiel: Nach ihm wurde vor 200 Jahren das gesamte Gebirge

benannt, die Dolomiten. Die Herrschaft über Ladinien teilten sich einst der Bischof von Brixen, der Tiroler Landesfürst und das Stift Sonnenburg. Das Museum ist so gestaltet, dass es konzeptionell alle Bereiche des Lebensraumes abdeckt, von der Geschichte zur Sprache über Archäologie, Geologie der Dolomiten, Tourismus und Handwerk.

Was kann man sehen?

Die Darstellung des geologischen Aufbaus der Dolomiten, die Entstehung und die Fossilien, die Siedlungsgeschichte von den Steinzeitjägern über die Räter zu den Römern und die nachfolgende Romanisierung. Die Geschichte des Fremdenverkehrs von den noblen Herrschaften bis zum „Skizirkus total". Eine Besonderheit ist die Entwicklung des Handwerks, das in diesen Tälern ganz eigene Formen gefunden hat und mit der Holzschnitzkunst in Gröden einen Höhepunkt erreicht.

Wie kommt man hin?

Das Schloss liegt auf einer Anhöhe oberhalb des Dorfes St. Martin in Thurn im Gadertal, das man von der Pustertaler Staatsstraße aus erreicht, oder über das Grödner Joch von der Dolomitenseite her, siehe Beschreibung bei Top „Autotouren", S. 70 und Top „Landschaften", S. 26.

Das Museum Ladin im Schloss Thurn

INFOBOX

TOP, weil dieses Museum in moderner Form alle Bereiche der ladinischen Kultur vorstellt.

Besichtigung:
Vom 26. Dez. bis 6. Jan. von 14–18 Uhr, vom 7. Jan.–31. März nur Mi, Do und Fr von 14–18 Uhr, von Palmsonntag bis 31. Okt. von Di–Sa von 10–18 Uhr und So von 14–18 Uhr, Mo geschlossen (im Aug. offen),
Tel. 0039 0474 524020,
www.museumladin.it

TIPP

Ostaria Posta ★★★
Ladinische Küche, gemütliche originale Stuben, schattiger Garten, Zimmer mit antikem Mobiliar oder Holztäfelung und großen Bädern, Anbindung zum Skigebiet Kronplatz.

Piculin 2
I-39030 St. Martin in Thurn
Tel. 0039 0474 523128
www.ostariaposta.com
Dez.–Ostern und Ende Mai–Ende Okt. geöffnet

10 MUSEUM DE GHERDEINA

GUTSCHEINE

für dieses Gebiet und Umgebung siehe Seiten **245 – 246**

ST. ULRICH IN GRÖDEN – Das Museum ist dem Dolomitental Gröden gewidmet. Die Beschreibung seiner Sammlungen sprengt aber diesen Rahmen, weil die Fossilien, die hier ausgestellt sind, den ganzen Dolomitenraum abdecken. Die vor- und frühgeschichtliche Sammlung wurde neu aufgestellt

Das Museum de Gherdeina in St. Ulrich

und zeigt einmalige Fundstücke aus dem Alpenraum, darunter den eisenzeitlichen Fundkomplex des Col de Flam. Dazu kommen ein Herbarium, eine Schmetterlingssammlung und eine wertvolle Skulpturensammlung mit religiöser Kunst.
Eine Besonderheit ist die Gedenkausstellung für Luis Trenker. Der Bergsteiger, Schauspieler und Regisseur ist ein Sohn dieses Tales und in St. Ulrich geboren. Die Gedenksammlung wurde 2004 um das gesamte „Zentralarchiv Luis Trenker" ergänzt und beinhaltet nicht nur persönliche Gegenstände, sondern seinen gesamten künstlerischen Nachlass. Luis Trenker war Architekt, Bergführer im Ersten Weltkrieg, und er hat vor allem einmalige Bergfilme gedreht. Er ist auf dem Ortsfriedhof von St. Ulrich begraben.

INFOBOX

TOP, weil dieses Museum die umfassendste Fossiliensammlung der Dolomiten enthält und den Nachlass Luis Trenkers besitzt.

Besichtigung:
Im Sommer: von Mai bis Ende Okt. von Mo–Fr von 10–12 und von 14–18 Uhr, im Juli und Aug. auch Sa und So von 14–18 Uhr. Im Winter: von Weihn. bis Ostern von Mi–Fr von 14–17 Uhr und Do von 10–12 Uhr. Tel. 0039 0471 797554, www.ulg.it

Was kann man sehen?

Die Fossiliensammlung der Dolomiten, darunter den Ichtiosaurus von der nahen Seceda. Die Skulpturensammlung mit Grödner Schnitzkunst. Das Luis-Trenker-Zentralarchiv. Die Holzspielzeugsammlung.

Wie kommt man hin?

Das Museum liegt im Zentrum von St. Ulrich, dem ersten und größten Ort Grödens, wenn man vom Eisacktal her anreist. Eigene Autobahnausfahrt Gröden-Klausen. Von der Staatsstraße zweigt man bei Waidbruck nach Gröden ab.

Kloster Marienberg | Burgeis

10 SEHENSWÜRDIGKEITEN

1 KLOSTER NEUSTIFT

GUTSCHEINE

für dieses Gebiet und Umgebung siehe Seiten **247 – 252**

BRIXEN – Warum haben sich die Klöster immer die schönsten Plätze ausgesucht? Neustift liegt ein paar Kilometer nördlich von Brixen in einer geschützten Lage, was für den größten Bauernhof Südtirols immer von Vorteil war – man denke nur an den Weinbau. Im 12. Jahrhundert gegründet, hat die Anlage viele Schicksale erdulden müssen. Einmal abgebrannt, während der Bauernkriege und später bei der Säkularisie-

Die Bibliothek im Kloster Neustift

rung gründlich geplündert, wurde dem Kloster zur Zeit der Türkenkriege von der Wiener Zentrale des Augustiner-Chorherrenstiftes eine Befestigungsanlage verordnet, die nutzlos war, weil die Türken Wien bedroht haben, und nicht Brixen. Aber die Chorherren haben immer wieder Herrliches bauen lassen. Gleich beim Betreten des Areals fällt die Michaelskapelle auf, eine Kopie der Engelsburg in Rom, im Innenhof der Stiftsbrunnen mit den acht Weltwundern. Die spätbarocke Stiftskirche hat bereits Elemente des Rokoko und ist für Südtirol einmalig. Die Bibliothek und das Museum sind gegen Eintritt zu besichtigen und ein absolutes Muss. Der Kreuzgang hat zwar nicht die Pracht wie jener in Brixen, ist aber interessant, weil viele Stilrichtungen nebeneinander zu bestaunen sind. Der Minnesänger Oswald von Wolkenstein soll hier begraben sein. Zu besichtigen ist neuerdings auch die Viktorkapelle.

INFOBOX

TOP, weil dies die größte Klosteranlage Südtirols ist, sie eine einzigartige spätbarocke Kirche, eine herrliche Bibliothek und einen eigenen Weinkeller besitzt.

Besichtigung:
Ganzjährig Führungen (ab 10 Pers.) von Mo–Sa um 10, 11, 14, 15, 16 Uhr, So und feiertags geschlossen, Nov. bis Ostern um 11 und 15 Uhr, Mitte Juli bis Mitte Sept. auch um 12 und 13 Uhr, Jan. bis März Mo nur nach Reservierung, Tel. 0039 0472 836189, www.kloster-neustift.it

Was kann man sehen?

Die Stiftskirche, den Kreuzgang, die Bibliothek und das Stiftsmuseum, den Klosterbrunnen im Innenhof und den Klostergarten. In der klostereigenen Weinschenke sollte man unbedingt einen typischen Eisacktaler Silvaner verkosten. Im Weinshop nebenan kann man eine breite Palette Weinsorten kaufen.

Wie kommt man hin?

Natürlich kann man das Kloster mit dem Auto von der Brenner-Staatsstraße aus erreichen; die Abfahrt liegt nördlich von Brixen. Aber man kann Neustift von Brixen-Stufels aus auch zu Fuß in etwa 1 Stunde erreichen, der Weg führt den Eisack entlang.

2 BRIXNER DOM UND KREUZGANG

GUTSCHEINE

für dieses Gebiet und Umgebung siehe Seiten **247 – 252**

BRIXEN – Der Dom: Wenn man am Domplatz steht, sieht man die Herrschaftsverhältnisse von einst: hier die Bürgerhäuser, nicht all zu hoch, dort die mächtigen Doppeltürme des Doms zu Brixen, ehemals Bischofssitz. Ehre wem Ehre gebührt, und die geistlichen Herren haben beim Bau aus dem 18. Jahrhundert auch nicht gespart: Marmor aus Sizilien und Korfu, bedeutende Künstler wie Teodoro Benedetti und

Der Brixner Dom

Michelangelo Unterberger für den Altarbau, und der Barockmaler Paul Troger, den man aus Wien holte. Der mächtige einschiffige Innenraum ist nicht der größte Kirchenbau in Südtirol, aber seine prachtvolle Ausgestaltung erzeugt eine Anmut von Mächtigkeit und Harmonie.
Der Kreuzgang: Gleich nebenan tritt man in eine andere Welt der Beschaulichkeit. Die Anlage entstand um 1200 und wurde 1370 eingewölbt. Durch romanische Bögen, gestützt auf schlanke Doppelsäulen, fällt das Licht auf ein fast unerschöpflich wirkendes Bilderprogramm mit starken Farben und lebendiger Erzählkunst. Dies wäre eigentlich ein Ort der Besinnung und des Gebetes, aber eine solche Kunstbarkeit zieht viele Menschen an, die schauen, fotografieren und plaudern. Dazu gibt es allen Grund, denn die Fülle der Fresken reicht von der Frühgotik bis Anfang des 16. Jahrhunderts. 15 der 20 Arkaden sind ausgemalt und stellen in einmaliger Weise die Glaubenswelt der damaligen Zeit dar, sie sind teilweise recht volkstümlich gestaltet. Man darf nicht vergessen, die Darstellungen sollten und mussten die Menschen beeindrucken und ihnen auch etwas vom Glauben erzählen, denn der Großteil der Menschen konnte nicht lesen, und hätten sie es gekonnt, hätten sie keine Bücher gehabt.

INFOBOX

TOP, weil der Dom ein Meisterwerk der barocken Baukunst ist – und der Kreuzgang ein kulturhistorisches Juwel.

Besichtigung:
Ganzjährig frei zugängig, von 12–15 Uhr geschlossen, kostenlose Führungen von Ostern bis Allerheiligen von Mo–Sa um 10.30 und 15 Uhr, Tel. 0039 0472 836401, www.brixen.org

Was kann man sehen?

Im Dom das Deckengemälde von Paul Troger, die herrlichen Wandausschmückungen – keine Stuckarbeiten, sondern echter Marmor aus halb Europa. Im Kreuzgang in der Arkade 2 und 3 die farbenprächtigen Darstellungen, darunter das Pferd mit dem Rüssel; es sollte der berühmte Elefant Soliman sein, aber der Maler hatte wahrscheinlich nie einen solchen gesehen.

Wie kommt man hin?

Zugang zum Domplatz siehe Beschreibung bei Top „Städte und Dörfer" (S. 38).

3 STIFTSKIRCHE INNICHEN

GUTSCHEINE

für dieses Gebiet und Umgebung siehe Seiten **252 – 261**

INNICHEN – Der Dom in den Dolomiten. Diese Gegend im Hochpustertal war lange vor unserer Zeitrechnung besiedelt, die Römer waren hier, aber was uns besonders interessiert, ist 769 geschehen. Der Bayernherzog Tassilo schenkte das Gebiet dem Abt Otto von Scharnitz, damit er von hier aus die Slawen christianisiere. Ein Kloster wird errichtet, und durch weitere Schenkungen entsteht eine eigene Hofmark. Die religiöse und die politische Macht, die in Innichen entstand, erklärt die unerwartete Größe dieses Kirchenbaus. Von der ursprünglichen Kirche ist nichts mehr erhalten, das heutige Gotteshaus geht auf eine dreischiffige Basilika mit Krypta zurück, die im 13. Jahrhundert entstand. Der Turm, die gotische Vorhalle und die anschließende Nothelferkapelle wurden natürlich später gebaut. Durch eine vorbildliche Restaurierung wurden alle barocken und neoromanischen Elemente entfernt, der gewaltige Innenraum strahlt wieder jene „archaische Schwere" aus, die seine ursprünglichen Schöpfer dieser romanischen Majestät verleihen wollten. Die wuchtigen Säulen tragen das Gratgewölbe, der Altarraum wird von der Kreuzigungsgruppe beherrscht, die in ihrer würdevollen Strenge das romanische Formempfinden zum Ausdruck bringt und schon deshalb so exzellent in diesen Dom passt.

Was kann man sehen?

Die Portale des Doms, die Kreuzigungsgruppe mit dem Christus, der symbolhaft auf dem Haupte Adams steht; die romanischen Fresken in der Vierungskuppel; die Krypta unter dem Chor, zu beachten die verschieden geformten Säulenkapitelle. Die Holzfigur stellt wahrscheinlich den hl. Candidus dar, zumindest hat es der italienische Ortsnamenübersetzer so gesehen und aus Innichen San Candido gemacht.

Wie kommt man hin?

Innichen liegt im Hochpustertal, am östlichen Ende von Südtirol. Der alles überragende Dom ist in dem kleinen Städtchen leicht zu finden.

INFOBOX

TOP, weil diese Stiftskirche das bedeutendste romanische Bauwerk Südtirols ist.

Besichtigung:
Ganzjährig geöffnet von 8–18 Uhr, von Ende Juni bis Mitte Sept. Führungen jeden Fr um 16 Uhr, Tel. 0039 0474 913149, www.innichen.it

Die Stiftskirche Innichen

4 KLOSTER MARIENBERG

GUTSCHEINE

für dieses Gebiet und Umgebung siehe Seiten **220 – 224**

BURGEIS – Ob man vom Reschen oder von Meran kommt – das weithin sichtbare und wie ein tibetanisches Festungskloster wirkende Gebäude ist nicht zu übersehen. Im blendenden Weiß steht es am Berghang oberhalb von Burgeis, strahlt Selbstsicherheit und Gelassenheit aus. Sicherheit versprechen die hohen Mauern und die Umfriedung, geplündert und gebrandschatzt wurde es aber trotzdem gleich mehrmals. Die Edlen von Matsch (siehe Beschreibung bei Top „Schlösser und Burgen", S. 80) waren lange im Streit mit den Mönchen dieses Klosters, sie ließen sogar einen Abt enthaupten, und auch die Reformation und die Bauernaufstände haben ihre Spuren hinterlassen. Die Pest im 14. Jahrhundert überlebte gar nur ein einziger Glaubensbruder. Bei soviel Ungemach ist es erstaunlich, was man trotzdem alles zu sehen bekommt. Entstanden ist die erste Anlage um 1150, die ersten Mönche sind aus Ottobeuren im Schwabenland gekommen. Von erstrangiger künstlerischer Bedeutung sind die romanischen Fresken in der Krypta, die schon von 1160 stammen sollen, also aus der Gründerzeit des Klosters. Die Dunkelheit in der Krypta hat das Werk wohl gut beschützt, trotzdem ist man erstaunt, dass diese leuchtende Kraft der Farben und diese schwungvollen Linien mehr als 800 Jahre alt sein sollen. Im 17. Jahrhundert wurde der gesamte Klosterkomplex barockisiert, die Kirche erhielt eine prunkvolle Ausgestaltung. Das bedeutet natürlich auch, dass es diesem Kloster wirtschaftlich gut gegangen ist, heute noch sind ihm einige Besitzungen geblieben.

Was kann man sehen?

Die romanischen Fresken in der Krypta (alte Klosterkirche) aus dem 14. Jahrhundert. In kräftigen Farben überstrahlt Christus in der Mandorla die dreiteilige Komposition. Die Engelsfiguren und Aposteldarstellungen lassen byzantinischen

Einfluss erkennen. Neu sind der Schauraum zur Geschichte des Klosters und der Klosterladen.

INFOBOX

TOP, weil in diesem Benediktinerkloster Fresken zu sehen sind, die 800 Jahre alt sind.

Besichtigung:
Neue Schauräume ab Anfang Juli 2007 von Mo–Sa von 10–17 Uhr, Krypta von Juli bis Okt. nur zu Gebetszeiten zugängig,
Tel. 0039 0473 831306,
www.marienberg.it

Wie kommt man hin?

Oberhalb von Mals zweigt man von der Reschenstraße nach Burgeis ab. Die Straße führt durch das enge typische Obervinschgauer Dorf und weiter hinauf nach Schlinig. Das Kloster steht fast an der Straße, Parkplätze sind vorhanden. Man kann das Kloster von Burgeis aus in einer halben Stunde auch zu Fuß auf einem Wanderweg erreichen und diesen Spaziergang bis Prämajur und Kastellaz ausdehnen.

Die Krypta in der alten Klosterkirche von Marienberg

5 ST. PROKULUS

GUTSCHEINE

für dieses Gebiet und Umgebung siehe Seiten **220 – 224**

NATURNS – Draußen vor dem Dorf steht eine kleine Kapelle noch immer umgeben von Obstanlagen, die Ortserweiterung von Naturns hat diese Kirche noch nicht erreicht. Nun, einmal ist unmittelbar daneben der Friedhof, und St. Prokulus war einst auch eine Friedhofskapelle; deshalb steht sie an diesem Ort. Aber vielleicht hat der Edelmann, der sie errichten ließ, bewusst diesen Ort gewählt, weil er gut geschützt vor Sturzbächen und Überschwemmungen ist?
Pilgerziel für Kunstfreunde ist das kleine Gotteshaus aber wegen seiner Fresken, über die es viele Theorien gibt und deren Deutungen nicht restlos abgeschlossen sind. Die gut erhaltenen Darstellungen, die man heute sieht, waren Jahrhunderte lang von anderen Malereien überdeckt. Was zum Vorschein kam, war eine Sensation, denn die Fresken im Inneren der Kirche wie auch an den Außenwänden sind vorkarolingisch und dürften um 770 entstanden sein. Der irisch-keltische Stil ist eindeutig, was darauf hindeutet, dass Künstler aus der Ostschweiz oder Salzburg hier waren, denn die irische Buchmalerei hatte damals dort ihre Zentren. Andere wiederum meinen, dass lokale Künstler am Werk waren, die den Stil der Zeit kopiert haben, aber durchaus eigenständig geblieben sind. Beeindruckend ist die Ausdruckskraft der Darstellungen. Mit der räumlichen Perspektive hatten die Künstler so ihre Probleme, auch wenn die Mäanderbänder antike Formelemente aufweisen. Lassen Sie sich die Bilder in einer geführten Besichtigung erklären. Berühmt ist die Szene an der Südwand, wo ein Heiliger von den Zinnen schaukelt. Früher war man der Meinung, dies sei Paulus auf der Flucht von Damaskus, heute ist man sich anscheinend sicher, dass es der Bischof Prokulus aus Verona sei, in dessen Heiligenlegende von einer Flucht über die Stadtmauern berichtet wird. Dafür spricht auch, dass er der Patron der Viehherden ist; und an der Nordwand, neben dem Portal ist eine Tierprozession dargestellt.

TIPP

Seilbahn Unterstell–Naturns
Die Seilbahn führt von Naturns direkt zum Sonnenberg und zum Meraner Höhenweg im Naturpark Texelgruppe. Herrliche Wanderwege, Gasthaus an der Bergstation, traditionelle Tiroler Küche.

Sonnenberg 46
I-39025 Naturns
Tel. 0473 668418
www.unterstell.com
Ganzjährig in Betrieb
8–19 Uhr alle 30 Minuten

INFOBOX

TOP, weil die Fresken die ältesten Südtirols sind und eine Aura von Geheimnis ihre Deutungen noch immer umgibt.

Besichtigung:
Von Ende März bis Mitte Nov. um 9.30–12 Uhr und von 14.30–17.30 Uhr, ab Mitte Okt. von 9.30–12 Uhr und von 14–17 Uhr, Mo (außer Feiertag) geschlossen, Führungen um 10 und 15 Uhr, Tel. 0039 0473 667312 (Fam. Koch), www.stiegenzumhimmel.it

Was kann man sehen?

Die Darstellung des hl. Prokulus auf der Schaukel an der Südwand der Kapelle.

Wie kommt man hin?

St. Prokulus liegt, wenn man von Meran kommt, vor dem Dorf Naturns; wer von Westen, also vom Reschen kommt, fährt am besten durch den Umfahrungstunnel und biegt dann rechts ins Dorf ein. Das Kirchlein ist gut ausgeschildert und leicht zu finden, ein Parkplatz ist vorhanden. Die Kapelle ist Teil der Initiative „Stiegen zum Himmel", siehe dazu Tipp S. 83.

Das Prokulus-Kirchlein

6 PACHERALTAR

GUTSCHEINE

für dieses Gebiet und Umgebung siehe Seiten **237 – 240**

BOZEN/GRIES – Die pure Gotik. Der Pacheraltar in der alten Pfarrkirche von Gries heißt offiziell „Flügelaltar der Marienkrönung", wird aber ob seines berühmten Gestalters nach Michael Pacher benannt, dem Künstlersohn aus Bruneck. Er hat dieses für Südtirol wohl bedeutendste Werk zwischen 1471 und 1475 geschaffen. Es war ein Auftragswerk der Grieser und ein Zeichen, dass die Weinbauern dieses Ortes finanziell gut gesattelt waren und auch Sinn für die sakrale Kunst entwickelt haben. Dieses Meisterwerk der figuralen Plastik ist leider nicht vollständig erhalten geblieben, denn es musste einem barocken Altar weichen, aber es wurde nur in einen Seitenaltar gestellt und nicht zerstört, wie dies andernorts oft geschehen ist.

Südtirol ist auch das Land der Gotik, weil die Armut häufig die Zerstörung des Alten verhindert hat. Für das Neue, also für den Barock oder gar für den Rokokostil, hatte man einfach kein Geld. In Gries hätte es beinahe gereicht, aber der Pacheraltar ist erhalten geblieben. Seine Rückseite zieren Gemälde von einem unbekannten Künstler.

Was kann man sehen?

Die ausdruckstarken Schreinfiguren und der reiche Faltenwurf der dargestellten Gewänder zeigen die hohe und reife Kunst des Michael Pacher. Die Engel tragen Baldachine und vermitteln die Illusion von räumlicher Tiefe. Die Krönungsszene Mariens ist dramaturgisch bühnenwirksam gelöst und entspricht dem Geist und der Aufgabe, die ein solches Kunstwerk hatte, nämlich den Menschen anschaulich und beeindruckend biblische Geschichten zu vermitteln.

In Gries sollte man auch einen Blick in die Stiftskirche des Benediktinerordens Muri werfen. Das Kloster bietet aber auch andere Überraschungen für die Sinne.

Wie kommt man hin?

Gries ist der westlichste Stadtteil von Bozen, wo der „Lagrein" zu Hause ist und die gotische Kunst. Von Bozen-Zentrum mit dem Stadtbus Nr. 10A oder mit dem Auto von der Meraner Straße her anfahren.

INFOBOX

TOP, weil dieser Flügelaltar ein Höhepunkt der gotischen Altarkunst ist.

Besichtigung:
Von April bis Ende Okt. frei zugängig von Mo–Fr von 10.30–12 Uhr und von 14.30–16 Uhr, Sa/So geschlossen,
Tel. 0039 0471 283089

Der Pacheraltar – Krönungsszene

7 SCHNATTERPECKALTAR

GUTSCHEINE

für dieses Gebiet und Umgebung siehe Seiten **225 – 237**

LANA – Südtirol hat eine ganze Menge gotischer Altäre, aber drei davon zählen zu den Großen. Lana war zu Beginn des 16. Jahrhunderts sicher nicht so reich wie Sterzing oder Gries bei Bozen, trotzdem wollten die Bauern dieses Marktfleckens ein großes Kunstwerk für ihre Pfarrkirche in Niederlana schaffen lassen. Der gotische Altar des Hans Schnatterpeck ist zumindest was die Ausmaße betrifft der größte geworden. 14 Meter hoch steht er gut proportioniert im ebenfalls gotischen Gotteshaus. Beinahe hätte auch er einem barocken Nachfolger weichen müssen, aber der Pfarrer hat sich nicht durchgesetzt – wahrscheinlich haben sich die Bürger noch daran erinnert, was der alte Altar gekostet hatte, und wollten ihn deshalb nicht als Brennholz enden sehen. Der Künstler hat mit seinen Gesellen acht Jahre lang daran gearbeitet und dafür 1600 Gulden bekommen. Das entsprach dem Gegenwert von drei Bauernhöfen. Bekommen haben die Bürger von Niederlana eine imposante Monstranz aus Holz mit einer Fülle an Figuren, die ihresgleichen sucht – ein echter Bauernstolz. Der Künstler Hans Schnatterpeck stammte aus dem Schwäbischen und hat sich später hier niedergelassen.

TIPP

Tourismusverein Lana und Umgebung
Das Obstbauzentrum Südtirols ist ein beliebter Ferienort im Meraner Land.

Andreas-Hofer-Str. 7/B
I-39011 Lana
Tel. 0039 0473 561770
www.lana.info

Was kann man sehen?

Der zweiteilig angeordnete Schrein zeigt ganz oben die Krönung Mariens, darunter die Darstellung Gottvaters, des toten Jesus und der Taube des Hl. Geistes; interessant die Darstellung der klugen und törichten Jungfrauen. Die Außenseiten der Altarflügel zeigen vier Bilder des Hans Schäufelin, Schüler Albrecht Dürers.

Wie kommt man hin?

Der Schnatterpeckaltar steht in der Pfarrkirche Maria Himmelfahrt in Niederlana und kann im Rahmen einer Führung besichtigt werden. Lana hat eine eigene Ausfahrt der Schnellstraße Meran–Bozen („MeBo"), der Weg zur Pfarrkirche ist gut ausgeschildert. Gleich daneben im Larchgut ist das Obstbaumuseum untergebracht, siehe Beschreibung bei Top „Museen" (S. 146).

INFOBOX

TOP, weil dieser Altar der mächtigste der drei großen gotischen Altäre in Südtirol ist.

Besichtigung:
Vom 10. April bis 31. Okt. wochentags nur mit Führung zu besichtigen, Führungen um 10.30, 11.30, 15, 16 und 17 Uhr, Tel. 0039 0473 561770, www.lana.net

Der Schnatterpeckaltar in der Pfarrkirche Niederlana

8 MULTSCHERALTAR

GUTSCHEINE

für dieses Gebiet und Umgebung siehe Seiten **247 – 252**

STERZING – Der schwäbische Altar. Von den „großen" Altären in Südtirol sind vom Multscheraltar noch die wertvollen Tafeln übrig geblieben. Die wohlhabenden Bürger von Sterzing haben sich für ihren Altar einen großen und „modernen" Künstler gewünscht, und da die einheimischen Werkstätten nicht gut genug waren, hat man sich den gefragten Ulmer Künstler Hans Multscher geholt. 1495 wurde das zwölf Meter hohe Meisterwerk in der Pfarrkirche aufgestellt. Seine

Zwei Flügel des Multscheraltars

lebensnahen Darstellungen beeindruckten nicht nur die Bürger, sondern sie beeinflussten auch die lokalen Künstler, nicht zuletzt Michael Pacher. Ende des 18. Jahrhunderts wurde der Altar, wie viele seinesgleichen, abgebaut und durch einen Barockaltar ersetzt. Zuletzt war er ein Geschenk Mussolinis an Göring – die italienische Großzügigkeit sollte den Sterzingern Geld bringen, aber am Ende des Krieges stand die Stadt ohne Altar und ohne Geld da. Erst 1959 kam das Kunstwerk nach Sterzing zurück.

Was kann man sehen?

Die lebensechten Darstellungen des großen schwäbischen Bildhauers Hans Multscher. Die Strenge der Gotik ist gebrochen, die Menschen sollten sich in den Figuren und Szenen wiedererkennen – das war der Sinn der neuen Kunst in der Spätgotik, und Hans Multscher war ihr Meister.
Das Deutschordenshaus bietet auch für sich Sehenswertes: zum Beispiel die vier Ansichten der Umgebung von Sterzing aus dem 18. Jahrhundert.

Wie kommt man hin?

Der Multscheraltar ist im Deutschordenshaus nahe der Pfarrkirche in Sterzing ausgestellt, siehe die Beschreibung des Stadtrundgangs bei Top „Städte und Dörfer" (S. 42).

INFOBOX

TOP, weil die Tafeln des Altars zu den bedeutendsten Werken der Spätgotik zählen.

Besichtigung:
Von Anf. April bis Ende Okt. von Di-Sa von 9.30–12.30 Uhr und von 14–18 Uhr, So/Mo und an Feiertagen geschlossen, Tel. 0039 0472 766464, www.infosterzing.it

9 ST. JAKOB IN KASTELAZ

GUTSCHEINE

für dieses Gebiet und Umgebung siehe Seiten **241 – 245**

TRAMIN – Der Kunstschatz im Weindorf. Das Weindorf Tramin ist schon wegen des „Traminers" einen Besuch wert. Für den Kunstliebhaber ist es jedoch fast ein Muss, zur romanischen Kirche in Kastelaz hinaufzusteigen und darin die Fresken aus dem 13. Jahrhundert zu besichtigen. Die Kirche steht in aussichtsreicher Lage und bietet einen anschaulichen Rundblick über das Dorf Tramin, seine Weingärten und das

Fresko in der romanischen Kirche von Kastelaz

Unterland. Sie ist im Kern romanisch und erhielt später einen gotischen Zubau. Was Sie drinnen erwartet, ist nicht nur einmalig für Südtirol, sondern weit darüber hinaus. Kunstexperten behaupten, dass es in Europa nichts Gleichwertiges gibt.In der Apsis sieht man oben Christus in der Mandorla, umgeben von den Evangelisten, aber darunter hat der Künstler eine Welt aus fantastischen Fabelwesen geschaffen, die nicht eindeutig interpretiert werden können. In den sogenannten Bestiarien sind wahrscheinlich Adam und Eva zu sehen, die fast erdrückt die Welt tragen; alle anderen Wesen entstammen einer für uns geheimnisvollen romanischen Vorstellungswelt, die den Menschen der damaligen Zeit wohl etwas erzählt haben dürften.

INFOBOX

TOP, weil diese Kirche für Europa einmalige Fresken enthält und auf einem lohnenden Aussichtspunkt über dem Weindorf Tramin steht.

Besichtigung:
Von Anf. März bis Ende Okt. von 10–12 Uhr und von 15–18 Uhr, wöchentliche Führungen jeden Fr um 11 Uhr, So und an Feiertagen geschlossen, Tel. 0039 0471 860131, www.tramin.com

Was kann man sehen?

Fresken aus romanischer Zeit, Christus, die evangelischen Symbole, die Heiligen, die Bestiarien im Sockel mit den Fabelwesen aus den diversen Tierwelten.
Bei einem Bummel durch das Dorf Tramin ist die Pfarrkirche ebenso einen Besuch wert wie die Kellereien.

Wie kommt man hin?

Die Kirche liegt oberhalb des Dorfes Tramin auf dem Hügel Kastelaz. Man kann natürlich auch mit dem Auto hinauffahren, Parkplätze sind aber Mangelware. Deshalb empfiehlt es sich, durch das Weindorf über einen kurzen Anstieg von 20 Minuten zur Kirche hinauf zu wandern. Sollte die Kirche geschlossen sein, erhält man den Schlüssel im Nebenhaus.

10 DIE GÄRTEN VON SCHLOSS TRAUTTMANSDORFF

GUTSCHEINE

für dieses Gebiet und Umgebung siehe Seiten **225 – 237**

MERAN – Der botanische Garten Südtirols mit besonderem Erlebnischarakter. Wer über die Promenaden und Parks von Meran spaziert, wird eine Fülle von exotischen Pflanzen entdecken und sich fragen, wofür es da noch einen botanischen Garten braucht? Ziel des Landes Südtirols war es, einen Garten zu schaffen, der die ganze Welt der Pflanzen vereint, sie in eine einzigartige Kulturlandschaft stellt und seinen Gästen Erholung und Bildung über ein ganzheitliches Sinneserlebnis bietet. Das besondere Klima von Meran und die einmalige Lage der Gärten ermöglichte die Zusammenführung so unterschiedlicher Pflanzenwelten wie den japanischen Auwald, Reisterrassen und Teeplantagen, italienischer und exotischer Teichkultur, mediterraner Macchia sowie Waldgärten mit amerikanischen und asiatischen Laub- und Nadelbäumen. Den Jahreszeiten entsprechend werden Blütenhöhepunkte gesetzt sowie botanische Sonderausstellungen gezeigt, im Sommer finden regelmäßig Matineen, Gartennächte und Abendcocktails sowie das Frühstück bei Sissi statt – Veranstaltungen, die die Botanik mit Musik und Kulinarik verbinden. Die Gärten selbst werden thematisch ständig erweitert und immer Neues geboten.

Der „Schönste Garten Italiens 2005" und „Europas Garten Nr. 6 – 2006" bietet 80 Gartenlandschaften in einer einzigartigen Verbindung von Kunst und Natur, vielfältige Erlebnisstationen, Blütenhöhepunkte im Wandel der Jahreszeiten sowie herrliche Ausblicke auf Meran und die Südtiroler Bergwelt: ein Erlebnis für alle Sinne – für Jung und Alt.

Was kann man sehen?

Man sollte die Gärten, die in einem natürlichen Amphitheater eingebettet sind, durchstreifen – vom großen Seerosenteich unterm Schloss über die vielen Wege an den Sonnenhängen vorbei zur Aussichtsplattform, dem Matteo Thun'schen

Gucker. Den mediterranen Hang mit den Olivenbäumen, Zypressen und Feigen, Maulbeere und Lavendel. Die einheimische Welt mit den bäuerlichen Nutz- und Kulturpflanzen, die autochthone Rebensammlung im Weinberg. Den Sukkulentenhügel mit Kakteen, Agaven und Aloen aus Amerika und Asien.

INFOBOX

TOP, weil das beliebteste Ausflugsziel Südtirols ein faszinierendes Sinneserlebnis bietet.

Besichtigung:
Vom 1. April bis 15 Nov. von 9–18 Uhr, vom 15. Mai bis 15. Sept. von 9–21 Uhr, kein Ruhetag, Tiere nicht gestattet, Tel. 0039 0473 235730, www.trauttmannsdorff.it

Wie kommt man hin?

Die Gärten von Schloss Trauttmansdorff liegen rund um das gleichnamige Schloss in Meran, siehe die Beschreibung des Touriseums bei Top „Museen" (S. 148). Der „Sissi-Weg" führt vom Zentrum Merans aus, vorbei an einigen der schönsten Villen und Ansitze von Obermais, nach Trauttmansdorff.

Das Schloss Trauttmansdorff mit dem botanischen Garten

10 PANORAMEN

Rosengarten

1 KANZEL

GUTSCHEINE

für dieses Gebiet und Umgebung siehe Seiten **220 – 224**

INFOBOX

TOP, weil es keinen schöneren Blick auf das Dreigestirn von König Ortler gibt.

Mehr Infos:
Seilbahn Sulden von Anf. Juli bis Anf. Okt. von 8.30–12.45 Uhr und von 14–17 Uhr, Sa Sonderfahrt um 7 Uhr.
Sessellift Kanzel von Mitte Juni bis Anf. Okt. von 8.30–12.50 Uhr und von 14–17 Uhr (Ende Juli bis Aug. bis 17.50 Uhr), Tel. 0039 0473 613047, www.seilbahnsulden.it

SULDEN – Wie es der Name schon andeutet, liegt dieser Aussichtspunkt hoch oben über Sulden, wie die Kanzel in der Kirche. Wer die Gewalt der Ortlergruppe hautnah und dennoch mit gebührendem Respektabstand erleben will, muss dort hinauf.
Es ist nicht so sehr der weite Ausblick, sondern die Unmittelbarkeit einer vergletscherten Gebirgswelt, die hier fasziniert und jenen berühmten Rundblick bietet: von links die Hintere Schöntaufspitze, die Suldenspitze, dann die mächtige Nordwand der Königspitze, der Zebru und, alles überragend, König Ortler.

Wie hoch liegt der Aussichtspunkt?

Die Bergstation des Kanzellifts und das Gasthaus liegen auf 2550 Meter.

Wie kommt man hin?

Mit dem Auto oder dem Bus von Spondinig im Vinschgau über Prad nach Sulden. Mit dem Kanzellift (Sesselbahn) hinauf zur Kanzel oder zu Fuß vom Parkplatz beim Lift in 1 ¾ Stunden.

Bild oben: Blick von der Kanzel auf den höchsten Gipfel im Land, den Ortler, dahinter die Königspitze

Bild unten: das Bergdorf Sulden. Gut ersichtlich am Gegenhang der Kanzellift und die Schneise der Skiabfahrt

2 ROSSKOPF

GUTSCHEINE

für dieses Gebiet und Umgebung siehe Seiten **247 – 252**

INFOBOX

TOP, weil man von diesem Berg das ganze Wipptal überschaut und sich viele Wandermöglichkeiten bieten.

Mehr Infos:
Sommer: von Juni bis Okt. von 9–18 Uhr.
Winter: Dez. bis April,
Tel. 0039 0472 765521,
www.rosskopf.com

TIPP

Hofer Market
Bestsortiertes Wein- und Spirituosengeschäft, 1000 Weine vorwiegend aus Südtirol und Italien, Nudeln, Olivenöl und Balsamicoessig u.v.m.

Brennerstraße 21
I-39049 Sterzing
Tel. 0472 765152
www.hofermarket.it
Di–Sa von 8.30–13 Uhr von und 15–19 Uhr geöffnet

STERZING – Der Blick auf das Wipptal. Von diesem Aussichtspunkt überblickt man das Südtiroler Wipptal von Sterzing und seiner Umgebung. Frei ist der Blick vor allem Richtung Süden. Auf den leichten Wegen rund um den Rosskopf, dem eigentlichen Gipfel des Bergstocks, kann man sich weitere Aus- und interessante Einblicke in die Täler der Umgebung erwandern. Die große Almlandschaft bietet Hütten und Einkehrmöglichkeiten.

Wie hoch liegt der Aussichtspunkt?

Die Bergstation der Seilbahn liegt auf 1860 Meter.

Wie kommt man hin?

Nördlich von Sterzing, unmittelbar an der Brenner-Staatsstraße, steht die Talstation der Rosskopf-Kabinenumlaufbahn. Man kann mit dem Auto auch die Höfestraße über Telfes benützen, die Zufahrt ist aber nicht bis ganz nach oben für den Privatverkehr geöffnet.

Bild oben: das mittelalterliche Fuggerstädtchen Sterzing am Fuße des Rosskopfes

Bild unten: Sterzing und der Rosskopf aus der Vogelperspektive, dahinter die Stubaier Alpen

3 GRAWAND

GUTSCHEINE

für dieses Gebiet und Umgebung siehe Seiten **220 – 224**

INFOBOX

TOP, weil dieser Aussichtspunkt der höchste und schönste im Hochgebirge und leicht mit einer Seilbahn zu erreichen ist; er bietet eine grandiose Aussicht mit 360-Grad-Panorama.

Mehr Infos:
Ganzjährig geöffnet von 8.30–16.30 Uhr, im Winter von 9–16.30 Uhr jede halbe Stunde,
Tel. 0039 0473 662171,
www.schnalstal.com

SCHNALSTAL – Der Tourismuspionier des Schnalstals, Leo Gurschler, hat die Bahn 1976 erbaut und damit ein Gletscherskigebiet erschlossen. Im Winter ist heute eine Skiabfahrt bis ins Tal möglich, die 1200 Höhenmeter überwindet und deren Öffnung bis zum 1. Mai garantiert wird. Die Grawand ist aber das ganze Jahr über der ideale Aussichtspunkt für das Hochgebirge mit Gletscherblick, leicht und schnell zu erreichen.
Von der Dachterrasse des Restaurants hat man nicht nur einen hervorragenden Ausblick, sondern auch alle erforderlichen Instruktionen, da nach allen Richtungen hin Panoramabilder mit entsprechenden Beschriftungen angebracht sind. Von Süden beginnend, erkennt man in der Ferne die Brenta- und Presanellagruppe, das gesamte Ortlermassiv, im Vordergrund Saldur- und Schwemser Spitze, Weißkugel (die höchste Erhebung der Ötztaler Alpen) und Langtauferer Spitze. Der Blick nach Norden geht nach Österreich zu den weiteren Gipfeln der Ötztaler Gruppe: Hintereisspitzen, Fluchtkogel, Brochkogel und Wildspitze. Finailspitze, Similaun und Grawand bilden den Abschluss in dieser Runde. Letztere kann man auch schnell an einem Fixseil erklimmen, sofern man schwindelfrei ist. In der Bergstation befindet sich der „Ötzi"-Schauraum, und wenn man schon im Schnalstal ist, sollte man den „Archeoparc" im Schnalser Hauptort Unser Frau besuchen.

Bild oben: Gipfelkreuz auf der Grawand, darunter die Bergstation der Schnalser Gletscherbahn

Bild unten: im Vordergrund der Schnalstaler Gletscher mit dem unendlichen Weitblick über die Ötztaler Alpen weit hinein in die Westalpen

Wie hoch liegt der Aussichtspunkt?

Die Bergstation der Seilbahn und das Gipfelrestaurant liegen auf 3212 Meter, der Grawandgipfel ist 3250 Meter hoch.

Wie kommt man hin?

Mit dem Auto oder Bus ins Schnalstal bis nach Kurzras; die Seilbahn Grawand führt in acht Minuten auf 3212 Meter.

4 ROSENGARTENHÜTTE

GUTSCHEINE

für dieses Gebiet und Umgebung siehe Seiten **245 – 246**

INFOBOX

TOP, weil dieser Aussichtspunkt inmitten einer märchenhaften Dolomitenlandschaft liegt.

Mehr Infos:
Von Mitte Mai bis Anf. Nov. von 8.30-13 Uhr und von 14-17.30 Uhr, von Ende Dez. bis 25. März Skisaison,
Tel. 0039 0471 612184,
www.rosengarten-latemar.com

WELSCHNOFEN – Der schönste Blick auf König Laurins Reich. Rosengarten und Latemar, das sind Begriffe, die eine Parklandschaft erahnen lassen. In Wirklichkeit handelt es sich aber um die schönsten Berge auf der Bozner Seite der Dolomiten. Die Namen entspringen den Schilderungen der Dolomitenlegenden, und sie halten, was sie versprechen: Wer abends hier oben steht, wird in den leuchtenden Farben der Dolomitenfelsen den sagenumwobenen Rosengarten des Zauberkönigs Laurin wiedererkennen. Man überblickt das ganze Karersee-Gebiet und steht selbst, geradezu wie mit dem Rücken vor einer Wand, inmitten dieser großartigen Felsszenerie.

Wie hoch liegt der Aussichtspunkt?

Die Rosengartenhütte liegt auf 2239 Meter, die Bergstation des Liftes wenige Meter darunter.

Wie kommt man hin?

Die Zufahrt erfolgt auf der Dolomitenstraße, siehe Beschreibung bei Top „Autotouren" (S. 68). Der bequemste Weg führt mit der Sesselbahn von der Frommeralm auf der Nigerpassstraße. Allein die Fahrt mit dem Lift ist schon ein Erlebnis, sie führt direkt zur Rosengartenhütte.

Bild oben: die Rosengartenhütte mit der Bergstation des Sesselliftes

Bild unten: der Karersee und die sagenumwobene Latemargruppe; ein Ort geheimer Magie

5 SECEDA

GUTSCHEINE

für dieses Gebiet und Umgebung siehe Seiten **245 – 246**

INFOBOX

TOP, weil sie den schönsten Blick auf Gröden bietet.

Mehr Infos:
Von Juni bis Mitte Okt. von 8.30–17.30 Uhr, vom 10. Dez. bis nach Ostern Skisaison,
Tel. 0039 0471 796531,
www.seceda.it

GRÖDEN – Die Seceda ist ein klassischer Grödner Skiberg, deshalb sind die Bahnen auch mit wenigen Unterbrechungen das ganze Jahr über in Betrieb. Von diesem Berg aus sieht man die Geislergruppe nur im Profil, dafür hat man aber das ganze hintere Gröden mit der Sellagruppe und dem Langkofel auf Augenhöhe. Besonders weit geht der Blick nach Westen und Norden, in diese Himmelsrichtungen späht man über die Grenzen des Landes hinaus.

Wie hoch liegt der Aussichtspunkt?

Die Bergstation der Seceda-Seilbahn liegt auf 2480 Meter.

Wie kommt man hin?

Der schnellste Weg führt mit der Seilbahn von St. Ulrich in Gröden auf die Seceda; sie überwindet in zwei Abschnitten 1200 Höhenmeter.
Man kann ebenso über den Col Raiser und die Cisles-Alm auf die Seceda hinaufsteigen, siehe Beschreibung bei Top „Landschaften" (S. 22).

Bild oben: Blick von der Seceda auf die schroffen Gipfel der nahen Geislergruppe

Bild unten: die Bergstation der Seceda-Bahn, die in der kalten Jahreszeit dem Wintersportler ein herrliches Gebiet erschließt

6 MERAN 2000

GUTSCHEINE

für dieses Gebiet und Umgebung siehe Seiten **225 – 237**

INFOBOX

TOP, weil man von der Kurstadt schnell in Piffing ist.

Mehr Infos:
Ganzjährig von 9–12 Uhr und von 13.15–17 Uhr, Mitnahme Fahrräder bis 9.30 Uhr kostenlos, Tel. 0039 0473 234821, www.meran2000.com

HAFLING – Die Kurstadt Meran liegt zwar geografisch inmitten der Alpen, aber nur auf 350 Meter. Der Ort ist umrahmt von Bergen, die an die 3000er-Marke reichen. Mehrere Seilbahnen erschließen diese Hochgebirgsumgebung. Besonders die Fahrt nach Meran 2000 bringt Sie aber auf einen Aussichtspunkt, der ein Panorama bietet, das von der Tiefe des Meraner Talkessels bis zu den Erhebungen des fast 4000 Meter hohen Ortlers reicht. Gegen Süden überschaut man die Hochfläche des Tschöggelberges, im Osten die Dolomiten, im Westen die Texelgruppe, und im Norden erhebt sich, fast wie ein Schutzschild, die Felswand des Ifingers.

Wie hoch liegt der Aussichtspunkt?

Die Seilbahn Meran 2000 erreicht bei Piffing 1905 Meter.

Wie kommt man hin?

Die Talstation liegt im Naiftal an der Straße nach Hafling. Die Seilbahn überwindet in 20 Minuten den Höhenunterschied nach Piffing. Man kann mit dem Auto auch nach Hafling-Falzeben fahren und von dort mit der Gondelbahn nach Piffing; wenn man eine Rundwanderung oder eine Bergradtour machen will, empfiehlt sich diese Variante. Die Talstationen im Naiftal und in Falzeben erreicht man von Meran aus auch mit dem Bus.

Bild oben: Meran 2000 und dahinter die frisch verschneite Texelgruppe

Bild unten: der Ifinger, der Hausberg der Kurstadt Meran

7 KRONPLATZ

GUTSCHEINE

für dieses Gebiet und Umgebung siehe Seiten **252 – 261**

INFOBOX

TOP, weil es der Südtiroler Skiberg ist.

Mehr Infos:
Im Juli täglich außer Sa, im Aug. täglich, vom 1. Sept. bis 7. Okt. täglich außer Sa, vom 1. Dez. bis nach Ostern täglich. Betriebszeiten von 9–12 Uhr und von 13.15–17 Uhr, Tel. 0039 0474 548225, www.kronplatz.com

REISCHACH/BRUNECK – Der Kronplatz ist nicht nur der Pustertaler, sondern der Südtiroler Skiberg schlechthin und gleichzeitig ein prächtiger Aussichtspunkt. Der Rundblick fasziniert, weil er inmitten zweier Gebirgsgruppen von sehr unterschiedlichem Charakter steht, den Dolomiten im Süden und den Zillertaler Alpen im Norden. Man befindet sich hier also genau zwischen den Südalpen und dem Alpenhauptkamm. Vom Kronplatz aus hat man auch den besten Blick auf den weiten Talkessel und die Umgebung von Bruneck. Der Kronplatz ist von allen Seiten mit Bahnen erschlossen. Deshalb ist es nicht gerade eine jungfräuliche Berglandschaft, die Sie hier erwartet, weil hier alle Bahnen zusammenführen. Dafür jedoch bietet der Wanderberg viele einladende Hütten und Einkehrstätten. Ein neuer Panoramaweg umrundet die berühmte „Glatze" des Kronplatzes und bietet einmalige Weitblicke.

Wie hoch liegt der Aussichtspunkt?

Die Bergstation der Umlaufbahn liegt auf 2277 Meter.

Wie kommt man hin?

Der schnellste Weg aus dem Pustertal führt mit der Seilbahn von Reischach bei Bruneck auf den Kronplatz. Der Skiberg ist auch von Olang, St. Martin in Thurn und St. Vigil aus erschlossen. Für Wanderer ist der Berg am besten vom Furkelpass aus zu erreichen, der über Olang oder St. Vigil aus angefahren werden kann.

Bild oben: der Kronplatz, die Stadt Bruneck und dahinter der Alpenhauptkamm

Bild unten: winterlicher Kronplatz mit Ausblick ins obere Pustertal und auf die Ostalpen

8 HELM

GUTSCHEINE

für dieses Gebiet und Umgebung siehe Seiten **252 – 261**

INFOBOX

TOP, weil dieser Aussichtspunkt einen umfassenden Blick auf die Felsgipfel der Sextener Dolomiten ermöglicht.

Mehr Infos:
Ganzjährig täglich von 8.30–12.30 Uhr und von 14–17.30 Uhr, Juli/Aug. von 13.30–18 Uhr, Tel. 0039 0474 710355, www.helmbahnen.com

SEXTEN – Der bequeme Blick auf die Sextener Dolomiten. Fotofreunde sollten schon am Morgen auf den Helm fahren, wenn sie schöne Bilder der Sextener Dolomiten mit nach Hause nehmen wollen, denn diese stehen im Südwesten. Der Rundblick bietet mit Neunerkofel, Sextener Rotwand, Elfer- und Zwölferkofel sowie den Drei Zinnen nicht nur die beste Aussicht auf die Sextener selbst, sondern auch auf das ganze Hochpustertal und hinüber zu den Hohen Tauern mit dem Großglockner.

Wie hoch liegt der Aussichtspunkt?

Die Bergstation der Helm-Seilbahn liegt auf 2100 Meter, die Hahnspielhütte auf 2200 Meter.

Wie kommt man hin?

Den Aussichtspunkt erreicht man am besten mit der Seilbahn von Sexten aus, siehe Beschreibung bei Top „Städte und Dörfer" (S. 50). Der ganze Bergkamm ist ein weitläufiges Wandergebiet. Man kann auf den Helmgipfel steigen und sogar bis zum Kreuzbergpass wandern.

Bild oben: die Region um die Bergstation der Helm-Bahn

Bild unten: Blick vom Helm auf die im Südwesten gelegenen Sextener Dolomiten

9 PIZ LA VILLA

GUTSCHEINE

für dieses Gebiet und Umgebung siehe Seiten **252 – 261**

INFOBOX

TOP, weil dieser Aussichtspunkt im Zentrum von Alta Badia liegt und ein Rundum-Panorama bietet.

Mehr Infos:
Von Ende Juni bis Ende Sept. von 8.45–12.45 Uhr und von 14–17.30 Uhr, Mi geschlossen (Juli/Aug. offen), vom 10. Dez. bis Ostern Skisaison.
Tel. 0039 0471 836176, www.altabadia.org

LA VILLA/STERN – Der Panoramablick über das Alta Badia. Im Alta Badia, auf deutsch auch Hochabtei genannt, gibt es viele herrliche Aussichtspunkte zu erwandern. Der schönste und gleichzeitig mit der Seilbahn leicht zu erreichende, ist der Piz la Villa (auf ladinisch Piz la Ila genannt). Der Rundblick reicht von der mächtigen Kreuzkofelgruppe zu den Cunturines, zu Lagazuoi, Settsass, Sella- und Puezgruppe, deren Eckpfeiler, der Sass Songher, in voller Größe vis-à-vis aufragt.

Wie hoch liegt der Aussichtspunkt?

Der Piz la Villa ist 2077 Meter hoch, die Seilbahn führt zum höchsten Punkt.

Wie kommt man hin?

Mit der Seilbahn von La Villa/Stern aus erreicht man den Aussichtspunkt am bequemsten, aber auch der Aufstieg zu Fuß ist dem Wanderer zu empfehlen; er erfordert etwa 2½ Stunden.

Bild oben: im Vordergrund der Piz La Villa, im Talgrund Corvara, eingerahmt vom nordwestlichen Teil der Dolomiten

Bild unten: der mächtige Kreuzkofel, Paradies für den Bergwanderer und Felskletterer

10 LAGAZUOI

GUTSCHEINE

für dieses Gebiet und Umgebung siehe Seiten **252 – 261**

INFOBOX

TOP, weil dieser Aussichtspunkt die beste Übersicht der Cortineser Dolomiten bietet.

Mehr Infos:
Vom 1. Juni bis 5. Nov. und vom 20. Dez. bis eine Woche nach Ostern täglich von 9–17 Uhr alle 15 Minuten,
Tel. 0039 0436 867301,
www.dolomiti.org

FALZAREGO-PASS – Hoch oben zu stehen, über mächtige Dolomitengipfel hinwegzublicken wie ein Vogel in der Luft und das südlich rosafarbene Licht aufzusaugen oder einfach den Fotoapparat zu schwenken, das ist der Traum all jener, die große Panoramen lieben. Der Lagazuoi ist im Ersten Weltkrieg ein hart umkämpfter Dolomitfelsen gewesen, große Schutthalden von den Sprengungen zeugen noch davon. Heute ist dieser Berg mit einer luftigen Seilbahn schnell in 7 Minuten zu erreichen.
Das Panorama reicht von Osten ausgehend über die Tofana-Gipfel zu Cristallo, Sorapis, Antelao, Croda da Lago, Nuvolao, Averau und Settsass. Im Westen reicht der Blick bis zur Ortlergruppe.

Wie hoch liegt der Aussichtspunkt?

Die Bergstation der Lagazuoi-Seilbahn liegt auf 2728 Meter. Nur wenige Schritte trennen hier von der Aussichtsterrasse.

Wie kommt man hin?

Ein bisschen über Südtirols Grenzen hinaus muss man fahren, um über Alta Badia den Armentarola-Pass zu erreichen und von dort hinüber zum Falzarego-Pass, 2105 m, zu gelangen. Vom Pass aus startet eine Seilbahn, die an Kühnheit ihresgleichen sucht, und auf den Lagazuoi führt. Man kann die Höhe auch zu Fuß erreichen – auf gutem Steig und in etwa 2½ Stunden.

Bild oben: der Gipfel des Lagazuoi und die vergletscherte Nordseite der Marmolata

Bild unten: der Lagazuoi mit der Seilbahn-Bergstation und der Lagazuoi-Schutzhütte. Dahinter die Conturines-Gruppe

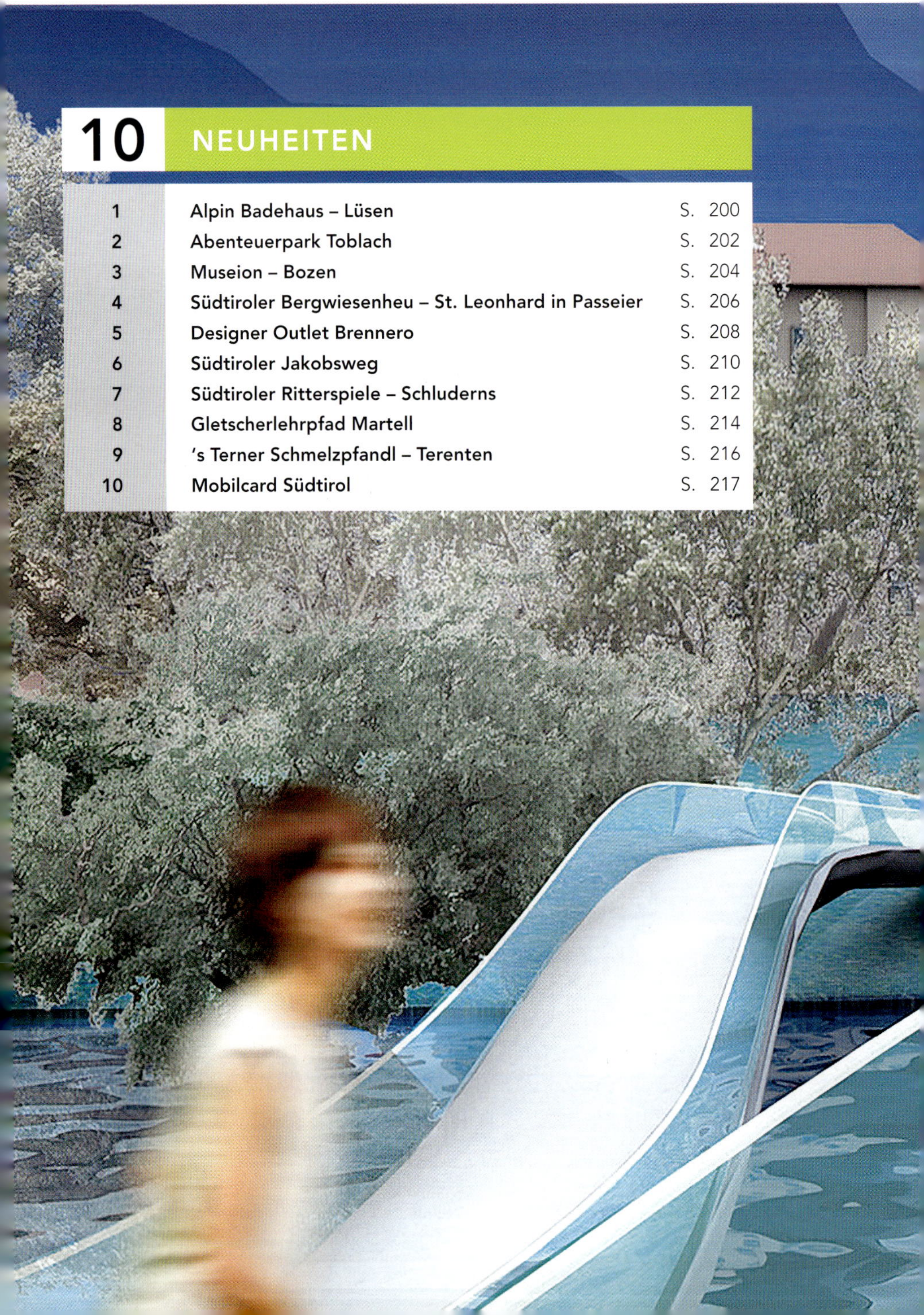

10 NEUHEITEN

Museion | Bozen

1 ALPIN BADEHAUS

GUTSCHEINE

für dieses Gebiet und Umgebung siehe Seiten **247 – 252**

INFOBOX

TOP, weil dieses Badehaus eine völlige Neuheit im Wellness-Bereich darstellt.

Mehr Infos:
Naturhotel Lüsnerhof
I-39040 Lüsen
Tel. 0039 0472 413633
www.naturhotel.it

LÜSEN – Das einzigartige Wellness-Erlebnis findet in einem wildromantischen Ambiente statt und orientiert sich nach der Heilphilosophie der Ärztefamilie der Ragginer. Diese schworen auf die heilbringende Wirkung vom sanften Erhitzen des Körpers durch warme Luft und Zirbenkieferdampf und wohltuendes Abkühlen mit reinem Wasser. Die Anlage wurde nach baubiologischen Prinzipien errichtet und umfasst ein Badehaus mit Soleschwebebecken, Marmorbad für die Hamam-Waschungen, Teestube mit Kräuterbrennerei, Zirbenbad und Kuscheldachboden. Der absolute Wohlfühleffekt wird spürbar beim Liegen mit Unterwassermusik im Soleschwebebecken, bei der anschließenden Stille und dem herrlichen Ausblick von der Panorama-Ruheoase, auf den Wasserbetten bei einem Stamperl Schnaps nach Ragginer-Rezeptur. Entspannung bieten die Schwebeliegen in der Nachmittagssonne beim offenen Kamin oder Kuschelkojen für die Erholung zu zweit. Die Anlage bietet sanfte Erholung für jedermann, ist aber besonders für ein Wellness-Erlebnis zu zweit geeignet. Angeboten werden der „Alpin Badehaus-Zyklus", „Hamam mit Sultans Waschung im Badehaus", das „Kuschelangebot für 2" beim Alpin-Badehaus-Schönheitspaket, oder das „Große Badehaus-Verwöhn-Paket".

Wie kommt man hin?

Das Badehaus ist Teil des Ferienhotels Lüsner Hof in Lüsen und für alle öffentlich zugänglich. Das Lüsner Tal ist an sich schon ein Geheimtipp, weil immer noch recht wenige in dieses urtümlich und ursprünglich gebliebene Seitental kommen, das man von Brixen aus erreicht.

Bild oben: Hotel mit Außenbereich der Badelandschaft

Bild unten: Saunabereich

2 ABENTEUERPARK TOBLACH

GUTSCHEINE

für dieses Gebiet und Umgebung siehe Seiten **252 – 261**

INFOBOX

TOP, weil dieser Abenteuerpark der größte und neueste in Südtirol ist.

Mehr Infos:
Juli und Aug. täglich von 10–19 Uhr, Mai/Juni und Sept./Okt. Sa/So und feiertags von 10–19 Uhr, werktags von 13–18 Uhr, Tel. 0039 340 5678960, www.abenteuerpark.it

TOBLACH – Der Hochseil-Abenteuerpark besteht aus acht Parcours in unterschiedlichen Schwierigkeitsgraden. Auf den Fichten und Lärchen sind an die 70 Plattformen verankert, von denen aus Elemente unterschiedlicher Art und Schwierigkeit starten. Netze, Balken, Baumstämme, Seilbahnen und Brücken mit Längen zwischen 3 und 60 Metern bilden durchgehende Parcours mit Sicherungssystem.
Die Zielgruppe ist eindeutig die ganze Familie. 5 der 8 Parcours sind auch für Kinder (ab 110 cm Körpergröße) geeignet. Athleten wagen sich auf den Schwarzen Parcours: Dieser bietet extrem zu meisternde Hindernisse. Es werden jedes Jahr neue Hindernisse und Rätsel in die Luft gehängt. Die Baumplattformen und Brückenelemente fügen sich harmonisch in die Umgebung ein und der Reiz des Waldes begeistert und bietet garantiert unvergessliche Eindrücke.
Der „Abenteuerpark" ist für jedermann auch ohne sportliche Erfahrung geeignet und ist bei jedem Wetter geöffnet. Geschultes Sicherheitspersonal erteilt eine genaue Einweisung, überwacht die korrekte Handhabung und unterstützt den Besucher bei Bedarf.

Wie kommt man hin?

Von der Landesstraße durch Toblach zweigt man an der Hauptkreuzung (Ampel) Richtung Cortina ab. Dann über die Bahnlinie, die zweite Abzweigung rechts und dann der Beschilderung folgen. Vom Bahnhof Toblach sind es zehn Minuten zu Fuß, der Weg ist gut ausgeschildert.

3 MUSEION

GUTSCHEINE

für dieses Gebiet und Umgebung siehe Seiten **237 – 240**

INFOBOX

TOP, weil dieses Museum die modernste Kunstschau Südtirols wird.

Mehr Infos:
Ganzjährig geöffnet von Di–So von 10–18 Uhr, Do bis 20 Uhr, Mo geschlossen, feiertags geöffnet. Vom 3. Sept. 2007 bis Frühjahr 2008 geschlossen.
Ab Frühjahr 2008 neuer Sitz in der Dantestr. 2, Tel 0039 0471 977116, www.museion.it

BOZEN – Das „kommunizierende Museum", wie es die Macher selbst definieren, entsteht zwischen der Dantestraße und den Talferwiesen. Es soll in Zukunft die Flexibilität und Offenheit einer funktionierenden Werkstatt mit den Qualitäten einer klassischen Galerie oder Ausstellung verbinden. Der Kubusbau ist 54 Meter lang und 23 Meter breit, seine beiden Stirnseiten aus Glas sollen als technisch moderne Projektionsflächen dienen. Die beweglichen Glaslamellen verwandeln sich abends zu Bildschirmen und bilden eine Medienfassade. Die Treppenkaskade verbindet alle Ebenen der Kunst bis hinauf zum Ausblick auf Stadt und Landschaft.

Wie kommt man hin?

Das Museum für moderne Kunst entsteht in der Dantestraße und grenzt direkt an die Talferwiesen. Siehe Beschreibung bei Top „Städte und Dörfer" (S. 34).

Bild oben: Computermodell der Westseite mit Atelierhaus

Bild unten: Modell der Lichtdecke im Ausstellungsraum

4 SÜDTIROLER BERGWIESENHEU

GUTSCHEINE

für dieses Gebiet und Umgebung siehe Seiten **225 – 237**

INFOBOX

TOP, weil dieses zertifizierte Bergwiesenheu ein einfaches Heubaden ermöglicht.

Mehr Infos:
Südtiroler Bergwiesenheugenossenschaft
Niedersteinhof
Schlattach 6A
I-39015 St. Leonhard in Passeier,
Tel. 0039 335 1050161,
www.bergwiesenheu.com

ST. LEONHARD IN PASSEIER – Balsam für Körper und Seele. Das Heubaden hat in Südtirol eine alte Tradition, kein Wunder bei so vielen Almen und Bergwiesen. Heute muss das Kuren im warmen Heu den hohen Ansprüchen genügen und die sind in der Almhütte nicht mehr gegeben, wo es aber sicher viel mehr Spaß gemacht hat.
Es muss schon ein spezialisiertes Heubad sein oder ein Wellness-Hotel mit einer entsprechenden Abteilung oder man macht es zu Hause mit den Qualitätsprodukten der Bergwiesenheugenossenschaft. Die Wirkung des Heus kennt man schon lange, aber die besonderen Stoffe sind nur im Bergheu enthalten. Das Bergwiesenheu enthält genau jene Fülle an Blumen und Kräutern, die das Quantum an heilsamer Wirkung ausmachen.

Was macht die Qualität aus?

Das Bergweisenheu stammt ausschließlich aus Berglagen, die höher als 1700 Meter liegen. Die Wiesen müssen naturbelassen und ökologisch bewirtschaftet werden, also ohne mineralischen Dünger und ohne Einsatz von Herbiziden. Auf 50 qm müssen mindestens 40 Kennarten wachsen und die Wiese muss einen Mindestabstand von 150 Metern zu öffentlichen Straßen haben. Jede Wiese wird von einem Botaniker kontrolliert und zertifiziert, das Heu wird schonend eingebracht, die Bearbeitung erfolgt mit der Hand, das Heu wird mit Warmluft entfeuchtet, trocken und gut durchlüftet gelagert, schonend gepresst ohne Schneidemesser.
Die Produkte sind als Heubeutel für das Baden und als Bett- und Kissenfüllung zu haben. Bett und Heukissen sind auch fertig käuflich und sehr praktisch zum schnellen Wechseln der Kammern verarbeitet. Eine eigene Abfüllung von Bergkräutern kann selbst zu einer bekömmlichen Suppe verarbeitet werden. Begehrt ist dieses Heu auch bei Kleintierzüchtern.

Bild oben: Schwitzen im Heubad

Bild unten: Heuernte auf der Steilwiese mit der Materialbahn

Wie kommt man hin?

Den Niedersteinhof erreicht man von der Straße nach Moos aus, bei Gomion geht es rechts hinauf nach Schlattach. Führung bei Vereinbarung kostenlos.

5 DESIGNER OUTLET BRENNERO

GUTSCHEINE

für dieses Gebiet und Umgebung siehe Seiten **247 – 252**

INFOBOX

TOP, weil am alten Marktplatz am Brenner ein neuer Shopping-Tempel entsteht.

Mehr Infos:
Ab Herbst 2007 täglich und durchgehend geöffnet,
Tel. 0043 512 586996,
www.dob-brennero.com

BRENNER – Das Designer Outlet Brennero. Mit dem DOB entsteht am Brenner ein völlig neuer Shopping-Tempel, der natürlich einen englischen Namen haben muss, und das hat für Südtirol einen immensen Vorteil: Man braucht sich nicht um einen deutschen und italienischen Namen zu streiten. Er ist super modern, steht auf dem historischen alten Marktplatz am Brenner, und ist historisch auch die Grenze, die man nun nicht mehr sieht. Im Herbst 2007 werden sich die Pforten zu einem neuen Shopping-Erlebnis öffnen, das durchgängig hohe Qualitätsmaßstäbe für das Waren- und Dienstleistungsangebot setzt, sowie in der Architektur und in der Erlebnisgastronomie. Der Branchen-Mix des DOB reicht von Bekleidung bis Gastronomie und wird den Kunden an 360 Tagen im Jahr, also auch sonntags, zugänglich sein.

Wie kommt man hin?

Das DOB steht am Brennerpass in der Gemeinde Brenner, die zu Südtirol gehört. Das Shopping-Center wird über die Autobahnausfahrt Brenner erreichbar und gut ausgeschildert sein.

Bild oben: Gesamtansicht (Computerdarstellung) Designer Outlet Brennero

Bild unten: Computerdarstellung der mobilen Fassade

DOB
OUTLET CENTER

6 SÜDTIROLER JAKOBSWEG

GUTSCHEINE

für dieses Gebiet und Umgebung siehe Seiten **247 – 261**

INFOBOX

TOP, weil pilgern „in" ist und der Jakobsweg schon in Tirol beginnt.

Mehr Infos:
Tourismusverband Eisacktal
Tel. 0039 0472 802232
www.eisacktal.info

WINNEBACH – Pilgern ist der Weg zu sich selbst. Der religiös motivierte Drang, bestimmte Orte aufzusuchen, ist schon sehr alt und eine Vorwegnahme des Wanderprinzips „der Weg ist das Ziel". Das Ziel dieses Weges ist es, den Tiroler Jakobsweg über eine Variante durch Südtirol zu führen, um über den Brenner nach Innsbruck zu gelangen. Schlussendlich enden alle diese Wege in Santiago de Compostela in Nordspanien. Bis dorthin sollte man den Fußweg aber nicht fortsetzen.

Wegbeschreibung: Der Weg erreicht von Osttirol her bei Winnebach Südtiroler Gebiet und führt in sechs Etappen zum Brenner und weiter nach Nordtirol. 1. Etappe Winnebach–Welsberg, 2. Welsberg–Bruneck, 3. Bruneck–Niedervintl, 4. Niedervintl–Neustift, 5. Neustift–Sterzing, 6. Sterzing–Brenner. Natürlich kann man auch nur Teilabschnitte pilgern und sich dabei den Sehenswürdigkeiten am Weg widmen. Ein wichtiges Ziel dieses Weges ist sicher Neustift mit seinem Kloster. Dieser Weg verbindet eine Reihe von Tops, die in diesem Führer beschrieben sind.

Wie kommt man hin?

Die Wegbeschreibung findet man am besten unter den folgenden Links im Internet: www.jakobsweg.it (für Südtirol) und www.jakobsweg-tirol.net (für Nord- und Osttirol).

Bild oben: die Ortschaft Mühlbach und das untere Pustertal

Bild unten: Kloster Neustift in der Nähe von Brixen

7 SÜDTIROLER RITTERSPIELE

GUTSCHEINE

für dieses Gebiet und Umgebung siehe Seiten **220 – 224**

INFOBOX

TOP, weil diese Spiele ein großartiges Programm in herrlicher Kulisse bieten.

Mehr Infos:
Vorletzte Augustwoche
Tickethotline
Tel. 0039 0473 831190,
Tel. 0039 0473 272000,
www.ritterspielesuedtirol.com

SCHLUDERNS – Ein mittelalterliches Spektakel in Schluderns. Auf den weiten Wiesenflächen von Schluderns entsteht Ende August eine mittelalterliche Stadt, mit Markt und Lagerleben sowie Ritterspielen und Veranstaltungen für Jung und Alt zum Mitmachen. Inmitten einer geschichtsträchtigen Landschaft (siehe Beschreibung bei Tops Churburg, S. 80, Glurns, S. 46, und Marienberg, S. 162) finden an drei Tagen jeweils ein Dutzend Vorführungen statt: „Römer und Gladiatoren in der Arena", die Parade „Zug der Geschichte", das Ritterturnier „die Hochzeit", „Bluatschink's ritterliches Kinderkonzert", die „Calvenschlacht" sowie jeden Abend ein „Nacht-Spectaculum", das gegen Mitternacht mit einem Höhenfeuerwerk endet. Auf dem mittelalterlichen Markt ist reichlich für Leib und Seele gesorgt und besondere Gerichte werden zubereitet, während Gaukler, Bettler und Handwerker das „Marktspectaculum" beleben. Ein besonderes Familienprogramm erwartet Eltern mit ihren Kindern, keine Besuchergruppe kommt zu kurz.

Wie kommt man hin?

Von der Staatsstraße bei Schluderns werden die anfahrenden Besucher auf einen großen Parkplatz neben dem Festgelände geleitet. Zugreisende steigen beim Bahnhof Schluderns aus und gelangen auf einem ausgewiesenen Weg zum Festgelände. Für den Besuch wird eine Tageskarte geboten, man kann also den ganzen Tag auf dem Festgelände verbringen.

8 GLETSCHERLEHRPFAD MARTELL

GUTSCHEINE

für dieses Gebiet und Umgebung siehe Seiten **220 – 224**

INFOBOX

TOP, weil dieser Höhenweg zu einmaligen Ausblicken führt.

Mehr Infos:
Tourismusverein Latsch-Martell
Tel. 0039 0473 623109
www.latsch-martell.it

MARTELLTAL – Das Martelltal zieht sich hinein in den Nationalpark, die Rundwanderung führt über die Marteller Hütte zu herrlichen Ausblicken auf den Cevedale und seine Gletscher. In Ennewasser kann man sich im Nationalparkhaus einen Faltprospekt oder auch eine Broschüre über den Gletscherlehrpfad holen. Entlang des Weges stehen Nummernschilder, die zu den Beschreibungen passen.
Wegbeschreibung: Die Tour führt vom Parkplatz zunächst zur Zufallhütte hinauf und weiter zur Marteller Hütte, durchgehend mit der Nr. 150 markiert. Die Hütte steht auf 2600 Meter auf einem Felssporn und bietet einen herrlichen Rundblick. Von der Hütte folgt man dann bergseitig auf dem Weg Nr. 37 der Beschilderung „Paradies" über einen Plattenweg, Moränen und Bäche hinauf und unter den beeindruckenden Gletschern der Marmotta und Veneziaspitze vorbei. Der Abstieg erfolgt parallel zum mächtigen Wasserfall hinunter zum Parkplatz. Die Hochgebirgstour erfordert alpine Ausrüstung, ist aber ohne besondere Schwierigkeiten in 4½ Stunden Gehzeit zu bewältigen. Jahreszeitlich ist diese Rundtour von Anfang Juni bis in den Oktober hinein zu empfehlen.

Wie kommt man hin?

Von der Vinschgauer Straße bei Goldrain ins Martelltal abbiegen und am Ende der befahrbaren Straße auf einem großen gebührenpflichtigen Parkplatz parken. Von Goldrain bis zum Parkplatz sind es 22,5 Kilometer. Auch ein Linienbus fährt bis hier her.

Bild oben: die Zufallhütte im hintersten Martelltal

Bild unten: Gletscherspalten auf dem Zufallferner

9 'S TERNER SCHMELZPFANDL

GUTSCHEINE

für dieses Gebiet und Umgebung siehe Seiten **252 – 261**

INFOBOX

TOP, weil diese Initiative altbäuerliche Tradition mit Genuss und Kultur verbindet.

Mehr Infos:
's Schmelzpfandl,
I-39030 Terenten
Tel. 0039 0472 546140
www.schmelzpfandl.com,
Tourismusverein Terenten
Tel. 0039 0472 546140
www.terenten.com

TERENTEN – Terenten liegt am Sonnenplateau des Pustertals, und die bäuerlichen Traditionen sind hier noch lebendig. Das Schmelzpfandl ist eben das Küchengerät, mit dem all die bäuerlichen Köstlichkeiten zubereitet wurden, die früher nur zu den Feiertagen auf den Tisch kamen. Diese gastronomische Veranstaltung will den Besuchern nicht nur die Speisen näher bringen, sondern den ganzen Zyklus des bäuerlichen Lebens, von der Aussaat des Getreides im April über das Mühlenfest im Juli bis zum Erntefest im August miterleben lassen. Im Oktober folgt das Fest des Almabtriebs und anschließend das zehntägige Gastronomiefest. In diversen Betrieben kann man dann Krautsuppe, Dämpfer, schwarzplentenen Ribl, Graukassuppe und andere traditionelle Gerichte verkosten. All dies ist auch deshalb interessant, weil das bäuerliche Pustertal eigene Gerichte hervorgebracht hat, die man im übrigen Südtirol nicht kennt. Das Rahmenprogramm bietet geführte Wanderungen zu den Höfen und zu den Terner Getreidemühlen.

Wie kommt man hin?

Terenten liegt an der Pustertaler Sonnenstraße. Von Westen kommend, fährt man bei Vintl von der Staatstraße ab.

MOBILCARD SÜDTIROL 10

SÜDTIROL – Unter dem Motto „Eine Woche freie Fahrt" wird die Mobilcard Südtirol angeboten. Sie bietet maßgeschneiderte Angebote für Einheimische und Gäste, um Südtirol als Ganzes oder einzelne Gebiete zu bereisen, wie Bozen und Umgebung, Meran und Umgebung, Vinschgau, Eisacktal und Wipptal, Pustertal. Mit der Mobilcard können alle Busse, die Vinschger Bahn und die Seilbahnen nach Meransen, Jenesien, Mölten, Vöran, Ritten, die Tram am Ritten sowie die Standseilbahn zur Mendel benutzt werden. Ausgenommen bleiben die großen Bahnlinien zum Brenner sowie die Pustertaler und Meraner Strecke. Kinder bis zum 6. Lebensjahr fahren gratis, von 6 bis 16 Jahren zahlen sie die Hälfte. So kosten beispielsweise eine 7-Tage-Südtirol-Karte 25 Euro und eine Gebietskarte Meran und Burggrafenamt 12 Euro.

INFOBOX

TOP, weil diese Karte bequemes und günstiges Reisen durch Südtirol ermöglicht.

Mehr Infos:
Tel. 840 000 471
www.mobilcard.info

Wo bekommt man Informationen?

An allen Verkaufsschaltern der Südtiroler Verkehrsbetriebe. Zu Tarifen und Angeboten für spezielle Gebiete oder Zeiträume siehe nebenstehende Website oder Telefonnummer.

GUTSCHEINE

DEN ABSCHLUSS DIESES REISEFÜHRERS BILDEN DIE GUTSCHEINE.
Durch sie wird er gleichwohl einzigartig und wertvoll. Zum Vergnügen der Ausflüge kommen nämlich handfeste Vorteile:
Die 66 Kupons, die Südtiroler Betriebe zur Verfügung gestellt haben, um Ihre Reise bzw. Ihre Ausflüge durch Südtirol noch angenehmer zu gestalten, reichen vom gehobenen Hotelbetrieb über Spezialitätenrestaurants, Schlösser und Freizeiteinrichtungen, Museen, Produktanbieter zum genussvollen Shoppen; Reiseunternehmer, ein Campingplatz und sogar ein Friseur gehören dazu.
Wir wünschen viel Freude und ein vergnügliches Erkunden der Angebote. Nutzen Sie die durch die Gutscheine gebotenen Preisvorteile und erkunden Sie dabei auch manch Unbekanntes!

Castel Fragsburg | Meran

Gutscheine

WELLNESSHOTEL POST ★★★★S – SULDEN AM ORTLER

190,00 €

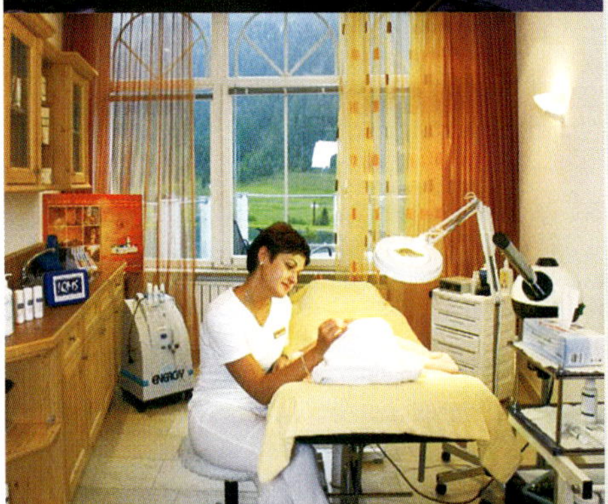

Eingebettet in die atemberaubende Natur, umgeben von den höchsten Gipfeln des Ortlermassivs, im Stilfserjoch Nationalpark, mit direktem Blick auf König Ortler liegt das Wellnesshotel Post ★★★★S. Jeglicher Komfort in allen Bereichen, exzellente Küche mit Biogemüse aus eigenem Anbau und ein Weinkeller mit Südtiroler Spezialitäten an Weinen und Schnäpsen lassen Genießerherzen höher schlagen.

In der Wellnessanlage (1200 m²) und Beautyfarm werden Sie den Alltag hinter sich lassen.

Unsere nagelneuen BMW 650 Motorräder stehen Ihnen für Passfahrten und Städteausflüge (gegen Gebühr mit kompletter Ausrüstung und Guide) zur Verfügung.

Geführte Wanderungen und Nachtwanderungen im gesamten Nationalpark.

Nahe Ausflugsziele sind Glurns, Churburg oder Marienberg.

Gutschein im Wert von 190,00 €
Wir schenken Ihnen einen Urlaubstag!
Gültig bei einem Aufenthalt von mindestens 7 Tagen und 2 Personen in der Zeit vom 25.8.–14.10.2007 sowie vom 5.–20.1.2008, 12.–26.4.2008 und vom 1.–26.7.2008

Hauptstraße 24, I-39029 Sulden
Tel 0039 0473 613024, Fax 0039 0473 613224
www.hotelpost.it, info@hotelpost.it

EINGELÖST AM

STEMPEL ODER UNTERSCHRIFT DES ANBIETERS

Gutscheine

NATIONALPARK STILFSERJOCH – PRAD AM STILFSERJOCH

5,00 €

aquaprad
NATIONALPARK-HAUS • CENTRO VISITE

„Unter Fischen – eine Reise in fremde Welten“
In mehreren Aquarien sind einheimische Fische zu bestaunen. Die Fischfauna wird begreif- und erlebbar.
www.aquaprad.com, info@aquaprad.com
Tel. 0473 618212

culturamartell
NATIONALPARK-HAUS • CENTRO VISITE

„In Martell in mein Tol“ – Dauerausstellung zur bäuerlichen Kultur einst und jetzt.
www.culturamartell.com, info@culturamartell.com
Tel. 0473 745027

lahnersäge

„Holz mit all seinen Facetten“ – Der Werdegang eines Baumstammes bis zum fertigen Brett.
www.lahner-saege.com, info@lahner-saege.com
Tel. 0473 798123

naturatrafoi
NATIONALPARK-HAUS • CENTRO VISITE

„Leben an der Grenze“ – Überlebensstrategien von Pflanzen und Tieren im Alpenraum.
www.naturatrafoi.com, info@naturatrafoi.com
Tel. 0473 612031

Gutschein für eine Kappe mit dem Logo des Nationalparks im Wert von 5,00 € bei einem Eintritt in eines der Museen

EINGELÖST AM

STEMPEL ODER UNTERSCHRIFT DES ANBIETERS

Gutscheine

KANDLWAALHOF LUGGIN – LAAS

5,00 €

Unsere Hände schaffen Produkte mit reinem, edlem und kostbarem Geschmack. Bäuerliche Beständigkeit und Freude am Beruf lassen kostbare Säfte, Essig und Trockenobst entstehen. Luggin ist Alleinvertreiber der Weirouge Apfelsorte für Südtirol.

Gutschein im Wert von 5,00 €
bei einem Einkauf von 30,00 €

Unterwaalweg 10, I-39023 Laas
Tel. und Fax 0473 626627
Mobil 335 7042782
www.luggin.net, info@luggin.net

EINGELÖST AM

STEMPEL ODER UNTERSCHRIFT DES ANBIETERS

ERZEUGERGENOSSENSCHAFT FÜR BEEREN – MARTELL

7,50 €

Die Anbaufläche im Martelltal, einem Seitental des Vinschgaus, liegt auf 500 bis 1100 m Meereshöhe.

Gutschein für unser Rezeptbuch „Köstliche Süßspeisen mit Erdbeeren" bei einem Einkauf von 50,00 € in unserem Detailgeschäft in Martell *(Öffnungszeiten während der Erntezeit Juni bis Ende Oktober)*

Ennewasser 249, I-39020 Martell
Tel. 0473 744700, Fax 0473 744710
www.vip.coop/meg, meg@vop-coop

EINGELÖST AM

STEMPEL ODER UNTERSCHRIFT DES ANBIETERS

Gutscheine

AKTIV- UND WELLNESSHOTEL MATILLHOF **** – LATSCH

70,00 €

Aktiv- und Wellnesshotel – Individuell wie Sie … persönlich wie nie

Momente des Glücks … Entdecken Sie ein wunderschönes Stück der Ferienfreude in unserem Viersternehaus: Wohngenüsse im luxuriösen Ambiente unseres Stammhauses oder zur Wahl in unserem historischen Dependance-Schlösschen, gleich nebenan. Und dazu Gaumengenüsse mit einem Kulinarium, das geprägt ist von edlen Weinen aus eigenem Keller und allen Feinheiten der gehobenen Südtiroler und internationalen Küche.

Matillhof, Augenblicke voller Lebenslust: Wellness total: Relaxen in unserer Wellnessanlage mit 7 verschiedensten Saunen und Dampfbädern, auf und davon schwimmen innen und außen … Kraft tanken für den Alltag in unserer Beauty-Vitaloase Mona Lisa mit verschiedensten Hydro-Aromabädern und Massagen ausgerichtet nach ganzheitlichen Methoden. Umfangreiches wöchentliches Aktivprogramm mit Nordic Walking, Aquafit, Fahrrad-Biketouren, geführten Wanderungen, Bergtouren für alle Sportbegeisterten. Da lacht das Leben, die Sonne, das Glück …

Wellness-Gutschein im Wert von 70,00 € bei einem Aufenthalt von 2 Personen in ¾-Genießer-Pension für 7 Tage inklusiv Matillhofs-Wohlfühlleistungen

H.-Pegger-Straße 6a, I-39021 Latsch
Tel. 0039 0473 623444, Fax 0039 0473 623376
www.hotelmatillhof.com, info@hotelmatillhof.com

EINGELÖST AM

STEMPEL ODER UNTERSCHRIFT DES ANBIETERS

Gutscheine

ATELIER UND HOLZSCHNITZEREI – NATURNS

5,00 €

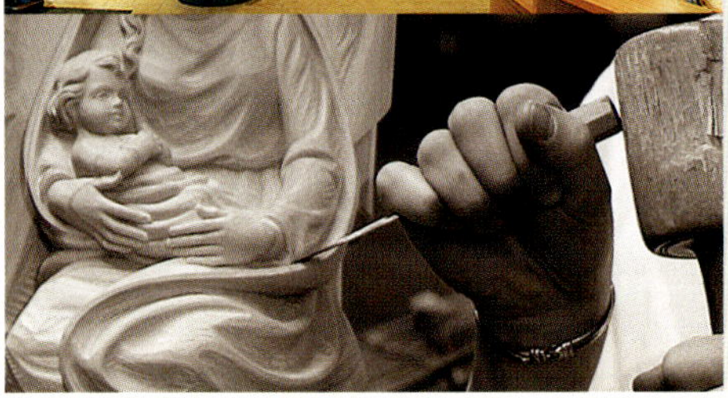

Atelier für moderne, antike, religiöse und profane Kunst. Sonderanfertigungen mit Schutzmarke und Zertifikat.
Bildhauer sein heißt für mich, mit großer Achtung vor dem faszinierenden Rohstoff Holz, Werke zu schaffen, die Freude bereiten und unsere Zeit überdauern.

Gutschein im Wert von 5,00 €
bei einem Einkauf ab 50,00 €

Atelier & Holzschnitzerei Gerstgrasser Roman
Hauptstraße 15, I-39025 Naturns
Tel. 0473 668011, www.gerstgrasser.it

EINGELÖST AM

STEMPEL ODER UNTERSCHRIFT DES ANBIETERS

ZENOBURG REISEN – DORF TIROL, MERAN, NATURNS

10,00 €

Zu unseren Angeboten zählen unter anderem:
Große Meraner Land-Rundfahrt
Gardasee-Rundfahrt + Schiffüberfahrt
Venedig mit Schifffahrt hin + retour
Seiseralm – Kastelruth
Große Dolomitenrundfahrt

Genuss pur!!! In unseren bequemen Reisebussen bringen wir Sie in die beliebtesten Ausflugsziele.

Gutschein im Wert von 10,00 €
bei einer Buchung ab 20,00 €

Dorf Tirol, Hauptstr. 23 — Tel. 0039 0473 923044
Meran, Rennweg 32 — Tel. 0039 0473 237005
Naturns, Hauptstr. 32 — Tel. 0039 0473 672955

Nähere Informationen und Abfahrtszeiten unter www.zenoburg.it

EINGELÖST AM

STEMPEL ODER UNTERSCHRIFT DES ANBIETERS

Gutscheine

WEINGUT SCHLOSS PLARS ★★★S – ALGUND

10,00 €

Eingebettet in Weinreben und Rosen liegt unser märchenhaftes Schloss Plars. Genießen Sie die Panoramaaussicht auf die elegante Kurstadt Meran. Viel Raum für Ruhe und Erholung bietet Ihnen unsere Gartenanlage mit Swimmingpool. Unsere Schlafgemächer bieten jeglichen Komfort und sind stilvoll ausgestattet. In den tiefen Kellergemäuern des Schlosses reift der edle Wein unseres Weingutes.

Gutschein für eine Käse- und Weinverkostung für 2 Personen im Wert von 10,00 € bei einem Aufenthalt von mindestens 3 Tagen

Mitterplars 25, I-39022 Algund
Tel. 0039 0473 448472, Fax 0039 0473 446557
www.schlossplars.com, theiner@schlossplars.com

EINGELÖST AM

STEMPEL ODER UNTERSCHRIFT DES ANBIETERS

SÜDTIROLER LANDESMUSEUM SCHLOSS TIROL – DORF TIROL

2,00 €

Im neu konzipierten Museum von Schloss Tirol behandelt jeder Raum ein bestimmtes Thema. Der zeitliche Bogen spannt sich von der Frühgeschichte über das Mittelalter bis hin zum 20. Jahrhundert.

Gutschein im Wert von 2,00 € auf Ihre Konsumation in der Museumsbar bei zwei Eintritten

Schlossweg 24, I-39019 Dorf Tirol
Tel. 0473 220221, Fax 0473 221132
www.schlosstirol.it, info@schlosstirol.it
Öffnungszeiten: März bis November, 10–17 Uhr, Montag Ruhetag

EINGELÖST AM

STEMPEL ODER UNTERSCHRIFT DES ANBIETERS

Gutscheine

HOTEL QUELLENHOF – ST. MARTIN BEI MERAN

60,00 €

Quellenhof Sport, Beauty & Wellness Resort: Eine Welt für Sie! Schließen Sie die Augen und träumen Sie vom Urlaub ...

Im Quellenhof Sport, Beauty & Wellness Resort dürfen Sie mit offenen Augen durch eine Urlaubswelt wandeln, die ihresgleichen im Alpenraum sucht. Aktivsport, sanfte Bewegung, Körpergenuss, Wellnessfantasien, Saunaerlebnisse, Gourmethighlights, Golfesprit, Wasserfun, Kinderspaß, Wanderglück, Wohngenuss ... einfach Urlaubsfeeling ohne Ende!
Sie suchen das gewisse Etwas? Hier genießen Sie die Vielfalt eines Clubs, die Atmosphäre hochwertiger Hotelarchitektur und die Herzlichkeit eines gewachsenen Familienbetriebes. Unsere Häuser vereinen sich zu einem idyllischen Feriendorf mit Exklusivangeboten für jeden Urlaubsgeschmack.

Wellness-Gutschein im Wert von 60,00 €
ab einer Buchung von 3 Tagen mit Halbpension
von zwei Personen im Doppelzimmer

I-39010 St. Martin in Passeier bei Meran/Südtirol
Tel. 0039 0473 645474, Fax 0039 0473 645499
www.quellenhof.it, info@quellenhof.it
Öffnungszeiten: Ostern bis Allerheiligen

EINGELÖST AM

STEMPEL ODER UNTERSCHRIFT DES ANBIETERS

Gutscheine

DIE GÄRTEN VON SCHLOSS TRAUTTMANSDORFF – MERAN

5,00 €

Das beliebteste Ausflugsziel Südtirols – Italiens schönster Garten 2005 & Europas Garten Nr. 6 2006 – bietet über 80 Gartenlandschaften in einer einzigartigen Verbindung von Kunst und Natur, abwechslungsreiche Erlebnisstationen, farbenprächtige Blütenhöhepunkte im Wandel der Jahreszeiten sowie herrliche Ausblicke auf Meran und die Südtiroler Bergwelt: ein Erlebnis für alle Sinne – für Jung und Alt.

Gutschein für zwei Audioführungen beim Eintritt von 2 Personen

St.-Valentin-Straße 51a, I-39012 Meran
Tel. 0039 0473 235730, Fax 0039 0473 235731
www.trauttmansdorff.it, botanica@provinz.bz.it
Öffnungszeiten: 1. April–15. November 9–18 Uhr, 15. Mai–15. September 9–21 Uhr. Kein Ruhetag

EINGELÖST AM

STEMPEL ODER UNTERSCHRIFT DES ANBIETERS

WEINGUT SCHLOSS RAMETZ – MERAN

16,00 €

Auf den Spuren des Südtiroler Weines.
Kehren Sie bei uns ein! Wir freuen uns auf Sie.
Geführte Besichtigung der historischen Weinkeller und des liebevoll gestalteten Weinbau- und Speckmuseums mit anschließender Weinverkostung von fünf Spitzenweinen und des Kaiserspecks. Montag bis Freitag jeweils ab 16.30 Uhr, in den Wintermonaten auf Anfrage.
Geschmackvoll eingerichtete Vinothek mit Verkauf von Produkten aus eigener Herstellung.

Gutschein für eine geführte Besichtigung für 2 Personen mit anschließender Wein- und Speckverkostung im Wert von 16,00 €

Labers 4, I-39012 Meran
Tel. 0473 211011
www.rametz.com, info@rametz.com
Öffnungszeiten: Vinothek Mo-Sa von 9–18.30 Uhr

EINGELÖST AM

STEMPEL ODER UNTERSCHRIFT DES ANBIETERS

Gutscheine

MERANARENA – MERAN

3,00 €

Unter dem Dach Meranarena finden Sie Ihren Raum für Sport- und Freizeitaktivitäten in Meran. Ob im Hallen- oder Freibad, in der Eishalle oder am Eislaufplatz, im Tennispark oder in der Kletterhalle, im Sport- und Freizeitzentrum Sinich.

MERANARENA ... Sport, Spaß und Unterhaltung für die ganze Familie.

Gutschein im Wert von 3,00 €
beim Kauf von 2 Tageskarten für Erwachsene
im Freibad im Wert von 11,80 €

Adressen:

Freibad: Schwimmbadstraße 36
Tennispark: Piavestraße 46
Eishalle/Eislaufplatz: Gampenstraße 74
Hallenschwimmbad: Gampenstraße 74
Kletterhalle: Gampenstraße 74
Sport- und Freizeitzentrum Sinich:
Reichsstraße 58–62, Sinich

Tel. 0039 0473 236982
info@meranarena.it
www.meranarena.it

EINGELÖST AM

STEMPEL ODER UNTERSCHRIFT DES ANBIETERS

Gutscheine

RESTAURANT WOLKENSTEIN – MERAN

5,00 €

Willkommen im Wolkenstein, dem Fine-Dining Restaurant im Steigenberger Hotel Therme Meran. Genießen Sie Köstlichkeiten der italienischen Küche mit Südtiroler Akzenten. Lassen Sie sich von der Kreativität unseres Chef di cucina Heros De Agostinis faszinieren. Am besten bei einem Blick in unsere offene Showküche. Abschalten. Genießen. Im Urlaub oder nach einem erfolgreichen Arbeitstag. Bei einem Aperitif in der Trendbar Piazza oder in der stylischen Zedern-Lounge.

Gutschein im Wert von 5,00 € pro Person für einen Hausaperitif bei einer Konsumation von 30,00 €/Person

Steigenberger Hotel Therme Meran
Thermenplatz 1, I-39012 Meran
Tel. 0473 259000, www.meran.steigenberger.it
Öffnungszeiten: Mo–Sa 19–22 Uhr

EINGELÖST AM

STEMPEL ODER UNTERSCHRIFT DES ANBIETERS

MERAN 2000 – IFINGER SEILBAHN – MERAN

4,50 €

Meran 2000 ist immer einen Besuch wert, egal ob Sie eine kleine Rundwanderung, eine hochalpine Tour oder einfach nur bis zum Kratzbergersee wollen. Wir heißen Sie herzlich willkommen!

Gutschein für eine Fahrt mit dem Alpin-Bob-Meran 2000 bei Lösung von 2 Tickets für die Ifinger Seilbahn

Naif 37, I-39012 Meran
Tel. 0473 234821, Fax 0473 234911
www.meran2000.com, info@meran2000.com
Betriebszeiten: täglich 10–16.30 Uhr

EINGELÖST AM

STEMPEL ODER UNTERSCHRIFT DES ANBIETERS

Gutscheine

THERME MERAN – MERAN

24,00 €

Europas modernste Wellness-Stätte liegt ein paar Gehminuten von den Lauben und der Kurpromenade entfernt. Zeitgemäßes Design von Star-Architekt Matteo Thun trifft hier traditionelles Südtiroler Wissen um die Kunst des Wohlbefindens. Die Badelandschaft mit 25 Pools im Innen- und Außenbereich sowie acht Saunen bieten alle Facetten der Entspannung und Erholung. Verweilen kann man im Sommer auch im prächtigen Thermenpark mit romantischem Seerosenteich und Badeparcours. Das Spa & Vital Center verwöhnt seine Gäste mit Molkebad, Apfelcreme-Massage, Traubenkern-Peeling und mehr – alle Ingredienzien der Anwendungen und der hauseigenen Kosmetiklinie stammen aus der Region. Ein Genuss für alle Sinne.

Gutschein für eine Körpermilch der Kosmetiklinie Therme Meran (150 ml) im Wert von 24,00 € beim Erwerb des Meraner Pakets.

Das Meraner Paket beinhaltet:

- *Sisis Samt- und Seide-Bad (20 Min.)*
- *Wohlfühlmassage mit Südtiroler Zitronenmelisse (45 Min.)*
- *Eintritt Therme Meran für zwei Stunden*

Paketpreis 99,00 €

Thermenplatz 9, I-39012 Meran
Tel. 0473 252000
www.thermemeran.it
Die Therme Meran ist an 365 Tagen im Jahr für Sie geöffnet.

EINGELÖST AM

STEMPEL ODER UNTERSCHRIFT DES ANBIETERS

Gutscheine

HOTEL CASTEL FRAGSBURG – MERAN

16,00 €

„Mit Bestimmtheit eines der schönstgelegenen Hotels in ganz Norditalien" – geschrieben vom Werd-Verlag Zürich. In unserer Gourmetküche verwenden wir biologische Produkte ausgewählter Bauernhöfe. Von Gourmetführern ausgezeichnet.

Gutschein für ein Pralinengeschenk aus unserer eigenen Patisserie im Wert von 16,00 € bei einer Tischrechnung von 70,00 €

Fragsburger Straße 3, I-39012 Meran
Tel. 0039 0473 244071, Fax 0039 0473 244493
www.fragsburg.com, info@fragsburg.com

EINGELÖST AM

STEMPEL ODER UNTERSCHRIFT DES ANBIETERS

BUSCHENSCHANK RAUTHOF – MERAN

5,00 €

In einem der sonnigsten Winkel von Meran, eingebettet in hauseigene Weinberge, ohne Durchgangsverkehr und doch nur 2 km vom „Botanischen Garten" entfernt, liegt unser „Buschenschank Rauthof".
Wir verwöhnen Sie in unserem Garten, mit Blick auf Meran und das Etschtal, mit unseren hauseigenen Produkten Wein, Speck, Knödel, Würste und vieles mehr.
Auf Ihren Besuch freuen sich Hanni und Sepp.

Gutschein im Wert von 5,00 € bei einer Konsumation von 30,00 €

Katzensteinstraße 41, I-39012 Meran
Tel. 0473 244741
Öffnungszeiten: März–Juni, September–Dezember, ganztägig geöffnet

EINGELÖST AM

STEMPEL ODER UNTERSCHRIFT DES ANBIETERS

Gutscheine

RESIDENCE HOTEL MERAN 2000 **** – HAFLING/FALZEBEN 95,00 €

*Das erste Natural-Anti-Aging Resort im Alpenraum erwartet seine Gäste eingebettet in die unberührte Natur, auf einem der sonnenreichsten Hochplateaus Südtirols, über den Meraner Talkessel in Falzeben. Die herrliche Bergkulisse der Dolomiten, der Ortlergruppe und der Meraner Berge laden Sie im Sommer zum Wandern, Nordic-Walken, Biken und zum Alpin-Bob-Rodeln ein. Im Residence Hotel Meran 2000 **** verschmelzen der Komfort und der Service eines modernen First-Class-Hotels mit den Vorzügen einer privaten Ferienwohnung. Das Natural-Anti-Aging Resort wird für Sie zur Heimat auf Zeit. Hier finden Sie den Raum und die Zeit für Entspannung. Die Seele baumeln lassen, sich wohlfühlen, sich verwöhnen lassen und genießen …*

Gutschein im Wert von 95,00 € für eine „Romantische Rosenstunde" bei der Buchung von einer Woche für 2 Personen mit HP.
90 Minuten in unserem Privat-Separee IO & TE: 1 x Glas Prosecco pro Person, 1 x Gang in die private Sauna, sinnliches Rosentraumbad bei romantischem Kerzenschein, Entspannung zu Zweit auf dem Wasserbett

Falzebenstraße 225, I-39010 Hafling
Tel. 0039 0473 378070, Fax 0473 378068
www.residence-meran2000.com
info@residence-meran2000.com

EINGELÖST AM

STEMPEL ODER UNTERSCHRIFT DES ANBIETERS

Gutscheine

SCHLOSS SCHENNA – SCHENNA

2,00 €

Schloss Schenna – eine Burg lebt. Besichtigen Sie eines der schönsten Schlösser Südtirols mit den einzigartigen Sammlungen Erzherzog Johanns zur Geschichte, Kunst und Kultur Tirols. Das Schloss ist in Privatbesitz und bewohnt. Es ist original eingerichtet und kann in lebendigen Führungen – mit vielen Überraschungen für Jung und Alt – besichtigt werden. Nützen Sie auch unsere Vorteilskarte für Familien mit Kindern.

Gutschein im Wert von 2,00 € auf den regulären Eintrittspreis für 2 Personen

Schlossweg 14, I-39017 Schenna
Tel. 0473 945630, Fax 0473 945351
www.schloss-schenna.com, info@schloss-schenna.com
Geöffnet von der Karwoche bis Allerheiligen nur mit Führung jeweils um 10.30/11.30/14.00/15.00 Uhr, Sonntag Ruhetag

EINGELÖST AM

STEMPEL ODER UNTERSCHRIFT DES ANBIETERS

SEILBAHN HIRZER – SALTAUS

18,00 €

Die Seilbahn bringt Sie in 15 Minuten von 490 m auf 2000 m, wo Sie einen einmaligen Fernblick genießen können.

Gutschein für 2 Fahrkarten (Saltaus-Klammeben und retour) zum halben Preis

Talstation Saltaus – Tel. 0473 645498
Mittelstation Prenn – Tel. 0473 949497
www.hirzer.info

EINGELÖST AM

STEMPEL ODER UNTERSCHRIFT DES ANBIETERS

Gutscheine

GÄRTNEREI GALANTHUS – LANA

9,00 €

Die Gärtnerei Galanthus bietet in stimmungsvoller Atmosphäre ein großes Sortiment für Pflanzenliebhaber.

Gutschein für eine Führung für 2 Personen durch den Klostergarten im Wert von 9,00 € (jeden Freitag um 10 Uhr von April bis Sept.)

Erzherzog-Eugen-Str. 3, I-39011 Lana
Tel. 0473 563911, www.galanthus.it
Öffnungszeiten: Mo–Fr 8–12 und 14.30–18.30 Uhr, Sa 8–12 Uhr

EINGELÖST AM

STEMPEL ODER UNTERSCHRIFT DES ANBIETERS

TAXISERVICE / MOBIL-CAR – LANA

5,00 €

Wir bieten schnellen Taxi-Service und Mietauto sowie Fahrradtransporte bis 30 Stück. Außerdem Verleih von Fahrradanhängern im Gebiet Burggrafenamt und Vinschgau.

Gutschein im Wert von 5,00 € für einen Dienst von 25,00 €

Meraner Straße 5, I-39011 Lana
Tel. 335 5212795
Bahnhofstraße 5, I-39028 Schlanders
Tel. 329 4544006
www.mobil-car.it, info@mobil-car.it

EINGELÖST AM

STEMPEL ODER UNTERSCHRIFT DES ANBIETERS

Gutscheine

SÜDTIROLER OBSTBAUMUSEUM – LANA

2,00 €

Umfangreiche Dokumentation und Wissenswertes zum Obstbau in Südtirol.

Gutschein für ein Kilo bester Äpfel beim Kauf einer Eintrittskarte

Ansitz Larchgut, Brandis Waalweg 4, I-39011 Lana
Tel. 0473 564387, Fax 0473 565160
www.obstbaumuseum.it, info@obstbaumuseum.it
Öffnungzeiten: Ostern bis Allerheiligen,
Di–Sa 10–12.30 und 14–17 Uhr,
Sonntag und Montag geschlossen

EINGELÖST AM

STEMPEL ODER UNTERSCHRIFT DES ANBIETERS

ULTNER BROT – ST. WALBURG

5,00 €

Das traditionsreiche Brot aus dem Ultental. „Original Ultner Brot" ist aus besten Rohstoffen in Bio-Qualität gebacken. Man isst es gerne mit Butter, Honig und Marmelade – und es ist beliebt zu Speck, Käse, Topfen und Wein.

Gutschein im Wert von 5,00 € für einen Einkauf im Wert von 15,00 €

I-39016 St. Walburg 114
Tel. 0473 795327, Fax 0473 795381
Filialen in Meran: Freiheitsstraße 8 u. Romstraße 41
www.ultnerbrot.it, info@ultnerbrot.it

EINGELÖST AM

STEMPEL ODER UNTERSCHRIFT DES ANBIETERS

Gutscheine

HOTEL ST. PANKRAZ ★★★S – ST. PANKRAZ/ULTENTAL

55,00 €

Wandern im Ultental!
Das Hotel St. Pankraz ist ein familiengeführtes gemütliches ★★★S Hotel in ausgesprochen ruhiger und entspannender Lage.
Gesunde & kreative Menüs, ein großartiger Weinkeller, geführte Wanderungen, neuer Wellnessbereich mit Massageabteilung etc. gehören zur Ausstattung.

Gutschein für eine Wellnessbehandlung im Wert von 55,00 € bei einem Aufenthalt von mindestens 7 Tagen

I-39010 St. Pankraz – Ultental
Tel. 0039 0473 787180, Fax 0039 0473 785535
www.hotel-st-pankraz.com
info@hotel-st-pankraz.com

EINGELÖST AM

STEMPEL ODER UNTERSCHRIFT DES ANBIETERS

TOURISMUSVEREIN ULTENTAL – DEUTSCHNONSBERG

1,90 €

Das Wanderbuch Ultental-Deutschnonsberg, die Wanderkarte und die einzigartige Wander-CD werden Ihnen ein willkommener Wegweiser sein.

Gutschein im Wert von 1,90 € für den Kauf des Wanderpakets im Wert von 14,90 €
(einzulösen in den Tourismusbüros im Ultental und Deutschnonsberg)

I-39016 St. Walburg
Tel. 0039 0473 795387, Fax 0039 0473 795049
www.ultental-deutschnonsberg.info
info@ ultental-deutschnonsberg.info

EINGELÖST AM

STEMPEL ODER UNTERSCHRIFT DES ANBIETERS

Gutscheine

HOTEL WEINGARTEN *** – GARGAZON

20,00 €

*Ca. 9 Kilometer südlich von der Kurstadt Meran finden Genießer das gemütliche Hotel Weingarten***. Unser Haus, hell und luftig eingerichtet, strahlt Ruhe und besondere Atmosphäre aus.*

Gutschein für ein Geschenkspaket mit Südtiroler Qualitätsprodukten oder 20,00 € pro Person auf eine Massage Ihrer Wahl bei einem Aufenthalt von mindestens einer Woche im DZ

Mühlgraben 3, I-39010 Gargazon
Tel. 0039 0473 292366
www.weingarten.it, postmaster@weingarten.it

EINGELÖST AM

STEMPEL ODER UNTERSCHRIFT DES ANBIETERS

HOTEL RESTAURANT EBERLE **** – BOZEN

14,00 €

Verwöhnen Sie Seele und Gaumen auf der herrlichen Sonnenterrasse mit landschaftlichen und kulinarischen Höhepunkten. Wir laden Sie zu einem Erlebnis für die Sinne ein: Freuen Sie sich auf kreative Kompositionen und genießen Sie das Feinste aus Küche und Weinkeller.

Gutschein für zwei Fingerfood-Aperitifs im Wert von 14,00 € bei einer Tischrechnung von 50,00 €

St. Magdalena – Oswaldpromenade 1, I-39100 Bozen
Tel. 0039 0471 976125, Fax 0039 0471 982334
www.hotel-eberle.com, info@hotel-eberle.com

EINGELÖST AM

STEMPEL ODER UNTERSCHRIFT DES ANBIETERS

Gutscheine

GENIESSERHOTEL BAD SCHÖRGAU – SARNTHEIN

37,25 €

Preis für 2 Personen für 3 Nächte ab 745,00 € mit Verwöhnmenü, 1 Latschnbadl für zwei, 2 Körpergommagen (Linie Trehs) und eine Körpermilch (Linie Trehs).

Michelin:	Gambero Rosso:	Espresso:	Gault Milleau:
2 Bestecke	2 Gabeln 81 Punkte	1 Haube 14 Punkte	1 Haube 14 Punkte

Gutschein im Wert von 37,25 €
auf das Paket im Wert von 745,00 €

I-39058 Sarnthein
Tel. 0039 0471 623048, Fax 0039 0471 622442
www.bad-schoergau.com, info@bad-schoergau.com

EINGELÖST AM

STEMPEL ODER UNTERSCHRIFT DES ANBIETERS

ALPENRANCH HIMMELREICH – KLOBENSTEIN

15,00 €

Ferienaufenthalt mit Reitmöglichkeit. Großzügiger Spielplatz. Genießergastronomie im neu gestalteten Restaurant.

Gutschein für 1 Reitstunde im Wert von 15,00 €
bei einer Konsumation von 50,00 € im Restaurant

Tannstraße 7, I-39054 Klobenstein/Ritten
Tel. 0039 0471 356542 oder 0039 0471 356300
www.alpenranchhimmelreich.com
info@alpenranchhimmelreich.com
Ganzjährig geöffnet. Restaurant Mittwoch abends und Donnerstag Ruhetag

EINGELÖST AM

STEMPEL ODER UNTERSCHRIFT DES ANBIETERS

Gutscheine

DESIGNHOTEL GREIF & PARKHOTEL LAURIN ****S – BOZEN 18,00 €

Designhotel Greif *– direkt am Waltherplatz in Bozen. Der aus dem XVII. Jahrhundert stammende Palast verbirgt exklusive Zimmer und Suiten, jedes von einem anderen Künstler gestaltet. Einige sind mit Sauna, Whirlpool, Klavier und Terrasse ausgestattet.*
Die Gäste können die Parkanlage, das Freibad, das Restaurant sowie die Bar unseres Schwesterhotels Parkhotel Laurin (direkt gegenüber) mitbenutzen.

Waltherplatz, I-39100 Bozen
Tel. 0039 0471 318000, Fax 0039 0471 318148
www.greif.it, info@greif.it

Parkhotel Laurin *– das Jugendstilgebäude vereinigt den Charme der antiken Mauern mit dem modernsten Komfort. Die Zimmer verfügen zum Teil über Whirlpool, Dampfsauna, Terrasse und Dachgarten. Das Restaurant ist berühmt wegen seiner raffiniert-kreativen Küche. Zentral und doch völlig abgeschieden genießen Sie den 4000 m² großen Park des Hotels.*

Laurinstraße 4, I-39100 Bozen
Tel. 0039 0471 311000, Fax 0039 0471 311148
www.laurin.it, info@laurin.it

Bei 2 Übernachtungen für 2 Personen im Doppelzimmer erhalten Sie eine Packung „Lagreinetti" und eine Flasche Lagrein der Kellereigenossenschaft Bozen-Gries im Wert von 18,00 €.

EINGELÖST AM

STEMPEL ODER UNTERSCHRIFT DES ANBIETERS

Gutscheine

MESSNER MOUNTAIN MUSEUM FIRMIAN – BOZEN

5,00* €

Das Herzstück des „Messner Mountain Museum", MMM Firmian auf Schloss Sigmundskron bei Bozen, nennt Reinhold Messner den „verzauberten Berg". In einem Rundgang werden Bilder der berühmtesten Gipfel gezeigt und auf dem „Tanzplatz der Götter" thronen geheimnisvolle Figuren aus verschiedenen Gebirgen der Erde. Mit Kunst, Reliquien und Aussagen kann Reinhold Messner über die Berge erzählen, wie es nirgends besser möglich ist. In vielerlei Hinsicht einmalig.

Das MMM umfasst neben dem MMM Firmian noch drei weitere Museen an verschiedenen Standorten:

MMM Juval – „Mythos Berg" – Die Heiligen Berge werden vorgestellt.

MMM Ortles – „End der Welt" – Es wird vom Eis erzählt.

MMM Dolomites – „Museum in den Wolken" – Hier dreht sich alles um das Thema „Fels".

Ein fünftes Haus zum Thema „Bergvölker" ist in Planung.

Gutschein für einen freien Eintritt in einem der anderen MMM-Museen beim Kauf von 2 Eintrittskarten im MMM Firmian

**** abhängig vom Eintrittspreis des jeweiligen Museums 5,00–7,00 €***

Sigmundskroner Straße 53, I-39100 Bozen, Tel. 0039 0471 631264, Fax 0039 0471 633884

www.messner-mountain-museum.it, info@messner-mountain-museum.it

Öffnungszeiten: vom ersten Sonntag im März bis zum letzten Sonntag im November, 10–18 Uhr, letzter Einlass um 17 Uhr. Montag Ruhetag

EINGELÖST AM

STEMPEL ODER UNTERSCHRIFT DES ANBIETERS

Gutscheine

BURGSCHENKE HOCHEPPAN – MISSIAN/EPPAN

5,00 €

Nach einer ca. halbstündigen Fußwanderung ab dem Parkplatz erwartet Sie der sonnige Garten der Burgschenke – eines der Ausflugsziele mit dem wohl schönsten Blick über Südtirol.

Serviert werden Ihnen einheimische, hausgemachte regionale Spezialitäten. Und im Herbst ist „Törggelezeit".

Gutschein für den Verleih und die Benützung des Bogenparcours im Wert von 5,00 € bei einer Verleihgebühr von 15,00 €

Hocheppaner Weg 16, I-39050 Missian/Eppan
Tel. 0471 636081
www.hocheppan.com, info@eppan.net
Öffnungszeiten: Mitte März bis Anfang November von 10–18 Uhr, Mittwoch Ruhetag. Von Mitte September bis Ende Oktober durchgehend geöffnet

EINGELÖST AM

STEMPEL ODER UNTERSCHRIFT DES ANBIETERS

HOFBRENNEREI FERIENWOHNUNGEN FISCHERHOF – GIRLAN

5,00 €

Inmitten der eigenen Weinberge, im idyllischen Schreckbichl, an der Südtiroler Weinstraße, liegt der Fischerhof.
Ausgestattet mit gemütlichen Ferienwohnungen, urigem Weinkeller und seit über 100 Jahren eigener Hofbrennerei.

Verkostung und Verkauf von ca. 20 verschiedenen Grappas, Destillaten und Likören

Gutschein im Wert von 5,00 € bei einem Einkauf von 50,00 €

Schreckbichl 12, I-39057 Girlan/Eppan
Tel. 0039 0471 660627, Fax 0039 0471 673756
www.fischerhof-mauracher.it
info@fischerhof-mauracher.it
Ganzjährig geöffnet

EINGELÖST AM

STEMPEL ODER UNTERSCHRIFT DES ANBIETERS

Gutscheine

MUSEUM SCHLOSS MOOS-SCHULTHAUS – EPPAN

4,00 €

Einmalige profane Wandmalerei um 1410 und interessante Bau- und Wohnkultur aus dem 13.–18. Jahrhundert. Mehr Infos finden Sie im Kapitel Burgen & Schlösser.

Gutschein im Wert von 4,00 € bei einem Besuch von mehr als 2 Personen

Schulthauser Weg 4, I-39057 Eppan
Tel. 0471 660139
Öffnungszeiten: Ostern bis Allerheiligen,
Di bis Sa Führungen um 10, 11, 16 und 17 Uhr

EINGELÖST AM

STEMPEL ODER UNTERSCHRIFT DES ANBIETERS

HOTEL ANSITZ TSCHINDLHOF – ST. MICHAEL/EPPAN

20,00 €

Erholen Sie sich in der entspannten Atmosphäre des Hotels Ansitz Tschindlhof inmitten idyllischer Obst- und Weinberge.

Gutschein im Wert von 20,00 € auf Ihre Wein- bzw. Sektkonsumation im Rahmen einer Übernachtung mit Halbpension von 2 Personen im Doppelzimmer

Bergstraße 36, I-39057 St. Michael/Eppan
Tel. 0039 0471 662225, Fax 0039 0471 663649
www.tschindlhof.com, info@tschindlhof.com
Öffnungszeiten: Ostern bis Allerheiligen

EINGELÖST AM

STEMPEL ODER UNTERSCHRIFT DES ANBIETERS

Gutscheine

JULIA'S KERAMIK – KALTERN

5,00 €

Besuchen Sie die Keramikwerkstätte der besonderen Art, eingebettet in alte Gemäuer des Überetscher Baustils im Zentrum von Kaltern! Die farbenfrohen Objekte, natur-, orts- und traditionsverbunden, vom jungen Geist neu inspiriert, zeugen von künstlerischem Schaffen und meisterlichem Handwerk!

Gutschein im Wert von 5,00 €
bei einem Einkauf von 30,00 €

Bichl 3, I-39052 Kaltern, Tel. + Fax 0471 964055
Öffnungszeiten: 9–12 und 15.30–19 Uhr

EINGELÖST AM

STEMPEL ODER UNTERSCHRIFT DES ANBIETERS

RESTAURANT CASTEL RINGBERG – KALTERN

10,00 €

Ein kleines, romantisches Schloss inmitten von Weinbergen. Panoramaterrasse mit Blick auf den Kalterer See. Kreative Küche mit frischen Zutaten aus dem Kräutergarten.

Gutschein für ein Kochbuch im Wert von 10,00 €
bei einer Konsumation von 50,00 €

St. Josef am See 1, I-39052 Kaltern
Tel. 0471 960010, Fax 0471 960803
www.castel-ringberg.com, info@castel-ringberg.com
Öffnungszeiten: 12–14.30 und 19–21.30 Uhr,
Dienstag Ruhetag

EINGELÖST AM

STEMPEL ODER UNTERSCHRIFT DES ANBIETERS

Gutscheine

CAMPING GRETL AM SEE – KALTERN

15,00 €

Genießen Sie ein paar Tage Camping-Ferien direkt am Ufer des Kalterer Sees, dem wärmsten natürlichen Badesee der Alpen. Und alles, was man sonst noch braucht, finden Sie in unmittelbarer Nähe: Restaurants, Pizzeria, Surfshop, kleiner Supermarkt.

Gutschein im Wert von 15,00 € auf die Campingrechnung im Wert ab 150,00 €

St. Josef am See 18, I-39052 Kaltern
Tel. 0039 0471 960244, Fax 0039 0471 960011
www.camping-gretl.it, info@camping-gretl.it

EINGELÖST AM

STEMPEL ODER UNTERSCHRIFT DES ANBIETERS

HOTEL PENSION REMICHHOF – KALTERN

15,00 €

Verbringen Sie ein paar entspannte Tage am Kalterer See, mit Logis im denkmalgeschützten Remichhof. Unsere Stammgäste schätzen besonders das Frühstück, die Hausterrasse, die Nähe zum See, das Ambiente – und am meisten die Kombination von allem.

Gutschein im Wert von 15,00 € auf die Hotelrechnung im Wert ab 150,00 €

St. Josef am See 27, I-39052 Kaltern
Tel. 0039 0471 960144, Fax 0039 0471 960011
www.remichhof.it, office@remichhof.it

EINGELÖST AM

STEMPEL ODER UNTERSCHRIFT DES ANBIETERS

Gutscheine

TRAMINER WEINHAUS – TRAMIN

5,00 €

Bei uns finden Sie nahezu das gesamte Sortiment der umliegenden Weinproduzenten und Brennereien zu Erzeugerpreisen.
Ebensowenig fehlt es an typischen italienischen Delikatessen (Öle, Honig, Essig, Marmeladen usw.).

Gutschein im Wert von 5,00 €
für ein Geschenk Ihrer Wahl
bei einem Einkauf von 50,00 €

Rathausplatz 8, I-39040 Tramin
Tel. und Fax 0471 860664

Weinstraße 15, I-39040 Tramin
Tel. 0471 863225

www.wein-suedtirol.it, weinhaus.tramin@tin.it
Öffnungszeiten: von 9–12 und 14.30–18.30 Uhr

EINGELÖST AM

STEMPEL ODER UNTERSCHRIFT DES ANBIETERS

RESTAURANT AM GOLFPLATZ – PETERSBERG

5,00 €

Genießen Sie hervorragende Gerichte in einem gemütlichen Ambiente und die Ruhe und Aussicht auf unserer Terrasse inmitten des 18-Loch-Golfplatzes Petersberg.

Gutschein im Wert von 5,00 € bei einer Konsumation im Wert von 25,00 €

Unterwinkel 5, I-39050 Petersberg
Tel. 0471 615122, Fax 0471 615229
www.golfclubpetersberg.it
info@golfclubpetersberg.it
Café-Bar: täglich 8–21 Uhr

EINGELÖST AM

STEMPEL ODER UNTERSCHRIFT DES ANBIETERS

Gutscheine

HOTEL HEUBAD – VÖLS AM SCHLERN

120,00 €

Was gibt es besseres, als nach einer Wanderung auf der Seiser Alm sich im duftenden Almheu beim Heubaden zu entspannen? Vielleicht ein lauschiges Plätzchen in unserem Rosengarten! Oder doch lieber das kulinarische Angebot von Küche und Keller genießen? Am besten alles nacheinander …

Gutschein für 4 Heubäder bei einem Aufenthalt von mindestens 6 Tagen für 2 Personen

Schlernstraße 13, I-39050 Völs am Schlern
Tel. 0039 0471 725020
www.heubad.info, info@hotelheubad.com

EINGELÖST AM

STEMPEL ODER UNTERSCHRIFT DES ANBIETERS

RESTAURANT CONCORDIA – ST. ULRICH

6,00 €

Gehobene Küche mit saisonalen Gerichten aus einheimischen Produkten und Kräutern aus dem Hausgarten. Große Auswahl von Eisacktaler Weinen. 40 verschiedene Edelbrände!

Gutschein im Wert von 6,00 €
bei einer Mindestrechnung von 60,00 €

Romstraße 41, I-39046 St. Ulrich
Tel. 0471 796276
www.restaurantconcordia.com
Öffnungszeiten: Dezember–Ostern, Juli–Oktober

EINGELÖST AM

STEMPEL ODER UNTERSCHRIFT DES ANBIETERS

Gutscheine

RESTAURANT „ANSITZ ZUM STEINBOCK" – VILLANDERS

8,00 €

Romantische Gourmet-Abende in den jahrhundertealten Stuben oder auf unserer neuen Gartenterrasse bzw. Garten-Lounge sowie Spezialitätenwochen mit auf die Jahreszeiten fein abgestimmten Köstlichkeiten, sind Momente in diesem in wunderbarer Panoramalage thronenden Ansitz, die man sich am Gaumen zergehen lässt.

Bereichert durch ein junges Team – unter der Führung vom mehrfach ausgezeichneten erst 25-jährigen Küchenchef Hannes Pignater, der es in kurzer Zeit zu einigen Haubenauszeichnungen geschafft hat. Und dessen Philosophie, frische Produkte vom eigenen Bauernhof sowie aus der unmittelbaren Umgebung mit viel Leidenschaft und Sensibilität zu verarbeiten, im Einklang mit diesem historischen, von Kunst beseelten Ort steht.

Unser Tipp: Wenn Sie die Auswahl aus unserem reich bestückten Weinkeller ausgiebig verkosten wollen, können wir Ihnen gemütliche Doppelzimmer bzw. Suiten anbieten – ab 67,00 Euro pro Person inkl. 4-Gänge-Gourmet-Menü. – Ideal auch für Hochzeiten und Firmenfeiern bis zu 80 Personen.

Gutschein im Wert von 8,00 €
bei einer Konsumation im Wert von 50,00 €

St. Stefan 38, I-39040 Villanders
Tel. 0039 0472 843111
www.zumsteinbock.com, info@zumsteinbock.com
Öffnungszeiten Restaurant: 11–22 Uhr,
Montag Ruhetag

EINGELÖST AM

STEMPEL ODER UNTERSCHRIFT DES ANBIETERS

Gutscheine

MINERALIENMUSEUM TEIS – VILLNÖSSTAL

5,00 €

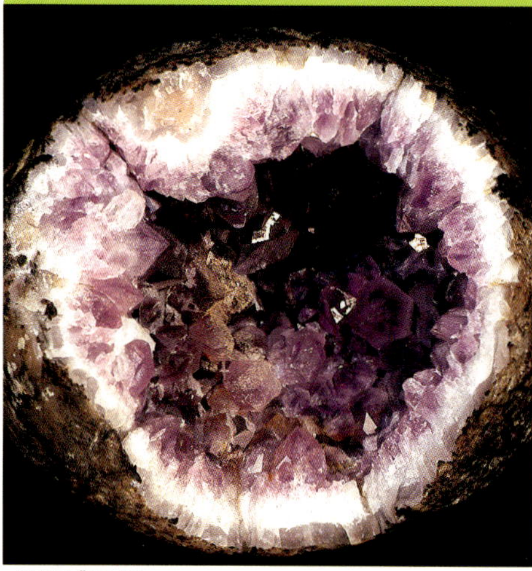

Lassen Sie sich verzaubern von den seltenen und berühmten Teiser Kugeln, die mit vielen anderen glänzenden Funden aus dem Alpenraum in diesem einzigartigen Museum ausgestellt sind.

Gutschein im Wert von 5,00 €
bei einer Mindestausgabe von 10,00 €
(Eintritt, Museumsshop)

Vereinshaus Teis, I-39040 Villnöß
Tel. 0472 844522
www.mineralienmuseum-teis.it

EINGELÖST AM

STEMPEL ODER UNTERSCHRIFT DES ANBIETERS

GASTHOF RESTAURANT HALLER – BRIXEN

11,00 €

Lassen Sie sich in unseren gemütlichen Stuben verwöhnen, auf unserer Sonnenterrasse inmitten von Weinbergen oder im Wintergarten mit herrlichem Ausblick auf die Stadt Brixen.
Unser Haus ist ein Geheimtipp für ein Festessen zu Zweit oder im Kreis der Familie.

Landwirtschaftliche Produkte und Weine vom eigenen Anbaugebiet.

Gutschein für eine Flasche Hauswein im Wert von 11,00 € bei einer Tischrechnung von 35,00 €

Weinbergstraße 68, I-39042 Brixen
Tel. 0472 834601, Fax 0472 208294
www.gasthof-haller.com, info@gasthof-haller.com
Montag abends und Dienstag Ruhetag
Ende Juni bis Mitte Juli geschlossen

EINGELÖST AM

STEMPEL ODER UNTERSCHRIFT DES ANBIETERS

Gutscheine

HOTEL LILIE **** – STERZING

30,00 €

Das Hotel Lilie ist der geeignete Ort für Menschen, die auch im Urlaub ein besonderes Lebensgefühl genießen möchten. Moderner Komfort verbindet sich hier vorzüglich mit der Ausstrahlung der antiken Gemäuer: raffiniert, einzigartig, reich an kostbaren Ornamenten, an künstlerischem Hauch. Die individuell eingerichteten Zimmer bergen Ruhe und Wohlbefinden. Genießen Sie im angenehmen Ambiente feinste Vorspeisen und schmackhafte Hauptgerichte, begleitet von erlesenen Weinen. Oder probieren Sie in unserem Café die frisch gebackenen Mehlspeisen aus der hauseigenen Konditorei.
Die Lilie ist „Genuss und Lebensfreude in Sterzing".

Gutschein im Wert von 30,00 €
bei einer Buchung unseres Angebots
„Romantik & Genuss".
Das Angebot beinhaltet: 2 Übernachtungen für 2 Personen in unserem Romantikzimmer, Aperitif im Foyer, eine süße Überraschung im Zimmer, eine Flasche unseres Hausweins, am 1. Abend ein Gourmetdinner à la carte im Liliensaal, am 2. Abend ein Romantikdinner bei Kerzenlicht in unserer eleganten Herrenstube, Kuschelfrühstück im Bett.

Neustadt 49, I-39049 Sterzing
Tel. 0039 0472 760 063, Fax 0039 0472 762749
www.hotellilie.it, info@hotellilie.it

EINGELÖST AM

STEMPEL ODER UNTERSCHRIFT DES ANBIETERS

Gutscheine

NATURHOTEL LÜSNERHOF **** – LÜSEN

15,00 €

Genießen Sie nach einer Wanderung über das Hochplateau der Lüsneralm oder im Naturpark um den Peitlerkofel unsere einzigartige Private-Spa im „Alpin-Badehaus" mit Floaten im Soleschwebebecken, Zirmbad auf frisch gebrannten Zirmzweigen, Partnerbürstenmassage im Hamam und abtwisten in der Sibirischen Banja, weiters ist die Nützung des Lüsner Badls mit 2 Schwimmbädern, Whirlpools, 4 Saunen und eine Vitaljause mit Getränke inklusive.

Gutschein im Wert von 15,00 € auf das Naturwellness-Paket im Wert von 49,00 €

Runggerstraße 20, I-39040 Lüsen/Südtirol
Tel. 0039 0472 413633, Fax 0039 0472 413592
www.naturhotel.it, info@naturhotel.it

EINGELÖST AM

STEMPEL ODER UNTERSCHRIFT DES ANBIETERS

MULTSCHERMUSEUM – STERZING

2,50 €

Das Museum umfasst Teile des zwischen 1456 und 1459 durch den Ulmer Meister Hans Multscher für die Pfarrkirche von Sterzing geschaffenen Altars. Dieser Altar wird als eines der Meisterwerke jener Epoche betrachtet.

Gutschein für einen freien Eintritt beim Lösen von 2 Eintrittskarten für das Museum

Deutschordenshaus, I-39049 Sterzing
Tel. 0472 766464
www.suedtirol-it.com/sterzing/multscher-museum
Geöffnet vom 1.4.-31.10. – So und Mo Ruhetag

EINGELÖST AM

STEMPEL ODER UNTERSCHRIFT DES ANBIETERS

Gutscheine

PANORAMAHOTEL TALJÖRGELE **** – RATSCHINGS

70,00 €

In herrlicher Panoramalage auf 1400 Meter liegt das Hotel Taljörgele. Inmitten des schönen Ridnauntals, umgeben von grünen Wiesen und der Naturkulisse der großen Dreitausender-Berge geht der Blick weit bis in das Eisacktal hinunter.

Das familiengeführte Hotel setzt auf Harmonie und Genuss für alle Sinne. Ruhe und Erholung ist das höchste Ziel. Hierzu ist sicherlich die 1000 m² große Wohlfühloase mit Erlebnisschwimmbad der richtige Ort. Ein beträchtliches Angebot an Wellnesseinrichtungen und -behandlungen bringt Entspannung und Abwechslung. Heute Finnische Sauna und Eisgrotte, morgen Biosauna und Aromadusche, ein Tag später Dampfsauna und ein Rasulbad. Außerdem werden Massagen und entspannende Bäder angeboten, z. B. Rasulbad, das Südtiroler Bergheubad oder das Original Vitalis Apfelbad mit einer Teilmassage. Als Abschluss eines Wellnesstages empfiehlt es sich, ein paar Züge im Schwimmbad zu ziehen oder auf einer der Wärmeliegen in den Ruheräumen mit dem herrlichen Panoramablick vollkommen auszuspannen.

Wellnessgutschein im Wert von 70,00 €
bei einem Mindestaufenthalt von 2 Personen
mit Halbpension für 7 Tage

Obere Gasse 14, I-39040 Ratschings
Tel. 0039 0472 656225, Fax 0039 0472 656440
www.taljoergele.it, info@taljoergele.it
Ganzjährig geöffnet

EINGELÖST AM

STEMPEL ODER UNTERSCHRIFT DES ANBIETERS

Gutscheine

NEUE ROSSKOPF GMBH – STERZING

9,80 €

Sterzings Hausberg Rosskopf – in wenigen Gehminuten vom historischen Zentrum entfernt startet die Seilbahn zum Rosskopf.

Ideal für Familien – unzählige Wanderungen, von leicht bis anspruchsvoll mit herrlichem Rundblick zu den Stubaier und Zillertaler Alpen.

Gutschein für eine Berg- und Talfahrt Sterzing/Rosskopf im Wert von 9,80 €

Brennerstraße, I-39049 Sterzing
Tel. 0472 765521
www.rosskopf.com, info@rosskopf.com
Öffnungszeiten: Sommer: Juni–Oktober, Winter: Dezember–April

EINGELÖST AM

STEMPEL ODER UNTERSCHRIFT DES ANBIETERS

SKIHÜTTE NAGLER – PEDRACES

5,00 €

Die Skihütte Nagler liegt mitten im Skigebiet Alta Badia, dem weltberühmten Skikarussell „Dolomiti Superski". Ein Besuch in den Sommermonaten lohnt ebenso: von der Hütte gehen verschiedenste Wanderwege mit traumhaftem Panoramablick in Richtung Hl. Kreuz, La Villa und Wengen.

Mit einem Sessellift ab Pedraces erreichen Sie die Hütte in kürzester Zeit. Genießen Sie den Blick von unserer Terrasse! Für die Kinder gibt es einen kleinen Spielplatz.

Gutschein von 5,00 € bei einer Tischrechnung von 35,00 €

Str. Le 3, I-39036 Pedraces in Badia
Tel. 335 6932118
Ganzjährig geöffnet

EINGELÖST AM

STEMPEL ODER UNTERSCHRIFT DES ANBIETERS

Gutscheine

OBERRAUCH ZITT / LODENWELT – VINTL

20,00 €

Wo können Sie die hohe Kunst der Lodenfertigung und die vielhundertjährige Geschichte dieser alpinen Tradition noch selbst verfolgen? Am besten in der OBERRAUCH-ZITT Loden-Erlebniswelt in Vintl, im grünen Pustertal.
Das interaktive Loden-Museum zeigt auf 2000 m² auf anschauliche Weise den Weg von der Schafwolle zum feinen Tuch.
Zur Lodenwelt gehört auch eine Manufaktur, in der Lodenbekleidung feinster Qualität hergestellt wird. Hier entstehen gerade die neuesten Modelle. Schauen Sie einer Loden-Schneiderin doch einfach „über die Schulter"! Prüfen Sie die Qualität der Stoffe, die sorgfältige Verarbeitung, die edlen Details. Natürlich können Sie diese Modelle auch gleich erwerben, also direkt ab Hersteller. Das bedeutet: Geprüfte Qualität zum Vorzugspreis. Wenn Sie so mit dem Loden richtig auf Tuchfühlung gegangen sind, können Sie sich im Restaurant nebenan herzhaft stärken.

Gutschein für den Museumseintritt für bis zu 4 Personen im Wert von 20,00 €

Museum LodenWelt
Pustertaler Straße 1, I-39030 Vintl
Tel. 0472 868540

Unsere Geschäfte:
OBERRAUCH ZITT in Bozen, Lauben 67
Tel. 0471 972121
OBERRAUCH ZITT in Meran, Lauben 273
Tel. 0473 270464

EINGELÖST AM

STEMPEL ODER UNTERSCHRIFT DES ANBIETERS

Gutscheine

KERAMISCHE WERKSTÄTTE KUNTNER – BRUNECK 10,00 €

Als traditionsreicher Handwerksbetrieb (seit 1760) fertigt die Firma Keramische Werkstätte Kuntner in gediegener Handarbeit die weitum bekannten Kachelöfen sowie Gebrauchs- und Zierkeramiken wie die typischen original Pustertaler Krapfenteller, Krüge, Vasen und vieles mehr.

Verkauf auch im Detailgeschäft in Bruneck, Stadtgasse Nr. 53/A – Tel. 0474 554684
Öffungszeiten: Mo–Fr 9.30–12 und 15.30–19 Uhr, Sa 9.30–12 Uhr

Gutschein im Wert von 10,00 €
bei einem Einkauf ab 65,00 €

Keramische Werkstätte Kuntner & Co. OHG
Bruder-Willram-Straße 31, 39031 Bruneck
Tel. und Fax 0474 411164
www.kuntnerkeramik.com, kuntner1@dnet.it

EINGELÖST AM

STEMPEL ODER UNTERSCHRIFT DES ANBIETERS

VOLKSKUNSTMUSEUM MARANATHA – LUTTACH/AHRNTAL 2,00 €

Bewundern Sie die schönsten Krippendarstellungen, den neuen Figurenpark im Freien und beobachten Sie wie vor Ihren Augen in der Bildhauerwerkstatt Ihr persönliches Kunstwerk entsteht.

Gutschein im Wert von 2,00 €
bei einem Einkauf von 20,00 €

Weißenbachstraße 17, I-39030 Luttach
Tel. und Fax 0474 671 682
www.krippenmuseum.com
Öffnungszeiten: Mo–Sa 9–12 und 14–18 Uhr, Sonn- und Feiertage 14–17 Uhr

EINGELÖST AM

STEMPEL ODER UNTERSCHRIFT DES ANBIETERS

Gutscheine

SÜDTIROLER LANDESMUSEEN FÜR VOLKSKUNDE – BRUNECK

3,00 €

Südtiroler Landesmuseum für Volkskunde
Herzog-Diet-Str. 24, I-39031 Dietenheim/Bruneck
Tel. 0474 552087, Fax 0471 551764
Öffnungszeiten: Ostermontag bis 31. Oktober, Montag Ruhetag. Di–Sa 9.30–17.30 Uhr, Sonn- und Feiertage 14–18 Uhr

Gutschein im Wert von 3,00 € für die Museumsschenke, Tel. 0474 550781

Jagd- und Fischereimuseum, Schloss Wolftshurn
Kirchdorf 25, I-39040 Mareit/Ratschings
Tel. und Fax 0472 758121
Öffnungszeiten: 1. April bis 15. November, Montag Ruhetag. Di–Sa 9.30–17.30 Uhr, Sonn- und Feiertage 13–17 Uhr

Südtiroler Weinmuseum
Goldgasse 1, I-39052 Kaltern
Tel. und Fax 0471 963168
Öffnungszeiten: 1. April bis 11. November, Montag Ruhetag. Di–Sa 10–17 Uhr, Sonn- und Feiertage 10–12 Uhr

EINGELÖST AM

STEMPEL ODER UNTERSCHRIFT DES ANBIETERS

Gutscheine

K. BERNARDI – BRUNECK

11,50 €

STADTMETZGEREI – Qualität, natürlich!
In der Tradition verankerte Qualität. Damals wie heute werden nur ausgewählte Naturprodukte zu feinsten kulinarischen Spezialitäten verarbeitet. Nicht mehr und nicht weniger, ist unsere Philosophie.
Top Qualität, zu 100 % von Mutter Natur.

Qualität bewusst erleben!
Besuchen Sie unsere ENOTHEQUE – ganz in der Nähe vom Stadtmuseum Bruneck gelegen – und genießen Sie unsere selbst produzierten Spitzenerzeugnisse in einem einzigartigen, freundlichen Ambiente! Überzeugen Sie sich von der Qualität unserer Produkte.
Besuchen Sie uns in der Stadtmetzgerei in der Stadtgasse mit einer großen Auswahl erlesener Delikatessen.

Das BERNARDI-Team freut sich schon auf Sie.

Gutschein für eine Flasche Wein Selection 01 im Wert von 11,50 € bei einer Rechnung von 50,00 € in unserer Enotheque oder Stadtmetzgerei

K. Bernardi
Stadtmetzgerei – Enotheque – Gastronom
Stadtgasse 36 / Stuckstraße 6, I-39031 Bruneck
Tel. und Fax 0474 555472
www.bernardi-karl.it

EINGELÖST AM

STEMPEL ODER UNTERSCHRIFT DES ANBIETERS

Gutscheine

SALON RUDY – BRUNECK

12,00 €

Nützen Sie Ihren Urlaub für eine Typveränderung beim Starfriseur Rudy.

Gutschein für eine Extention in Ihrer Wunschfarbe im Wert von 12,00 € bei einer Rechnung von 50,00 €

Leonardo-da-Vinci-Straße 6, I-39031 Bruneck
Tel. 0474 411112
www.salon-rudy.com, info@salon-rudy.com

EINGELÖST AM

STEMPEL ODER UNTERSCHRIFT DES ANBIETERS

KRONPLATZ SEILBAHN AG – BRUNECK

5,50 €

Genusswandern am Kronplatz.
Der Kronplatz eignet sich als Wandergebiet für jedermann. Mit der Seilbahn erreichen Sie bequem ein einzigartiges Plateau.

Gutschein im Wert von 5,50 € auf die Tageskarte von 11,00 €

Seilbahnstraße 10, I-39031 Bruneck
Tel. 0474 548225, Fax 0474 549039
www.kronplatz.com, bruneck@kronplatz.org
Betriebszeiten: 9–12 und 13.15–17 Uhr

EINGELÖST AM

STEMPEL ODER UNTERSCHRIFT DES ANBIETERS

Gutscheine

HOTEL PANORAMA LEITLHOF **** – INNICHEN

75,00 €

Im sonnigen Innichen im Hochpustertal liegt das Genießer- und Panoramahotel Leitlhof. Hier dürfen Sie nach Herzenslust genießen: herrliche Ausblicke auf die mächtigen Gipfel der Dolomiten und eine Naturlandschaft, die ihresgleichen sucht. Auch das Freizeitangebot wird zum unvergesslichen Erlebnis: Wandern und Klettern in den Drei Zinnen, mit dem Fahrrad nach Sexten, Paragleiten am Helm ... oder die kulturellen Besonderheiten des Gebietes aufspüren, wie zum Beispiel die romanische Stiftskirche in Innichen. Gern besuchte Ausflugsziele in der Nähe, Sommer wie Winter, sind die Plätzwiese und der Pragser Wildsee.
Nach einem aktiven Urlaubstag erwartet Sie Ruhe und Entspannung in unseren heimeligen Zimmern und in unserer Wohlfühloase bei vitalisierenden Massagen.
Kulinarisch verwöhnt Sie das Team um Hermann Patzleiner mit Köstlichkeiten aus der traditionellen Südtiroler Küche, mit italienischen Gaumenfreuden und edlen Weinen.

Gutschein im Wert von 75,00 € für wohltuende Behandlungen in unserer Beautyabteilung bei der Buchung eines Doppelzimmers mit Halbpension und einem Aufenthalt von mindestens 7 Tagen

Pustertaler Straße 29, I-39038 Innichen
Tel. 0039 0474 913440, Fax 0039 0474 914300
www.leitlhof.com, info@leitlhof.com

EINGELÖST AM

STEMPEL ODER UNTERSCHRIFT DES ANBIETERS

Gutscheine

ABENTEUERPARK TOBLACH – TOBLACH

5,00 €

Der „Abenteuerpark" in Toblach ist im Gegensatz zu vielen anderen Hochseilparcous für jedermann ohne sportliche Erfahrung geeignet.

Gutschein für 5,00 €
bei einem Eintritt

Abenteuerpark GmbH
Seeweg
I-39034 Toblach
Tel. 0039 340 5678960
www.abenteuerpark.it, info@abenteuerpark.it

EINGELÖST AM

STEMPEL ODER UNTERSCHRIFT DES ANBIETERS

HELMRESTAURANT – SEXTEN

6,00 €

Die zentrale Lage im Ski- und Wandergebiet Helm macht das Helm-Restaurant zum ersten und schnellen Einkehrtipp mit verschiedenen kulinarischen Besonderheiten. Das Angebot ist so vielfältig, wie die rustikalen Räume und bequem mit der Panoramaseilbahn und Kabinenbahn erreichbar. Zum Ruhetanken und Sonnengenießen bietet die größte Freiluftterrasse am Helm jede Menge Platz für alle mit Blick auf die rundum aufregenden Felsgipfel.

Gutschein von 6,00 €
bei einer Tischkonsumation von 30,00 €

Dolomitenstraße 45, I-39030 Sexten
Tel. 0474 710355, Fax 0474 710416
www.helm.bz, info@helmbahnen.com
Betriebszeiten: Juni bis Oktober

EINGELÖST AM

STEMPEL ODER UNTERSCHRIFT DES ANBIETERS

Gutscheine

FAMILY RESORT RAINER ★★★★S – SEXTEN

25,00 €

Im Herzen des Naturparks „Sextner Dolomiten" gelegen, bietet unser Familienhotel alles für Ihren wirklich gelungenen Urlaub: gemütliche, geräumige Zimmer, Appartements & Suiten mit großem Südbalkon bzw. Garten, neue Beauty-, Wellness- & SPA Abteilung auf 2000 m² mit getrenntem Bereich und eigenem Erlebnisschwimmbecken für Kinder, 7 Saunen, Fitnessraum, Indoor- & Outdoor-Erlebnisspielplätze mit täglich betreutem Kinderprogramm, Gratisverleih von „platzraubendem Kindergerät" wie Buggys & Kinderwagen, Tragerucksäcke, Flaschenwärmer, Babyfon etc., professionell geführte Wanderungen (z.B. Drei Zinnen, Plätzwiese), Skitouren, Radausflüge und Kletterkurse (in Italiens höchster Kletterhalle „Dolomitarena"!) usw., ausgezeichnete Küche & wohlsortierter Weinkeller, einzigartige, gepflegte alpine Parkanlage mit intakter Tiroler Kornmühle und originalem Backofen (1x wöchentlich Backtag mit Speck und Wein). Fragen Sie nach unseren Sonderangeboten, Wander- & Skiwochen, Kid's Specials! Willkommen bei Familie Rainer!

Gutschein im Wert von 25,00 € für ein „Tiroler Heubadl" mit Heu von unserer Almwiese im Osttiroler Villgratental bei einem Aufenthalt von 3 Tagen

St.-Josef-Straße 40, I-39030 Sexten/Dolomiten
Tel. 0039 0474 710366, Fax 0039 0474 710163
www.hotelrainer.com, info@hotelrainer.com

EINGELÖST AM

STEMPEL ODER UNTERSCHRIFT DES ANBIETERS

Gutscheine

KÄSEREI SEXTEN – SEXTEN

5,00 €

Käserei mit 80jähriger Tradition. Ausschließlich frische Milch von den Bergbauernhöfen aus Sexten wird zu Käse verarbeitet. Die Rezepturen einiger Käsesorten stammen aus der bäuerlichen traditionellen Milchverarbeitung. Käse aus Sexten wurde schon mehrmals bei internationalen Wettbewerben ausgezeichnet. Das Siegel bürgt für höchste Qualität.

Gutschein im Wert von 5,00 €
für Ihren Einkauf von Milchprodukten
im Wert von 25,00 €

Schießstandweg 6, I-39030 Sexten
Tel. 0474 710251
www.kaeserei.bz.it
Öffnungszeiten: 7–12 und 15.30–19 Uhr

EINGELÖST AM

STEMPEL ODER UNTERSCHRIFT DES ANBIETERS

Langkofel | Gröden

Bibliographische Information der Deutschen Bibliothek
Die Deutsche Bibliothek verzeichnet diese Publikation in der Deutschen Nationalbibliographie; detaillierte bibliographische Daten sind im Internet über http://dnb.ddb.de abrufbar.

BLV Buchverlag GmbH & Co. KG
80797 München

Deutschsprachige Ausgabe für Deutschland, Österreich und Schweiz:

Bildnachweis: Tappeiner AG, Tappeiner Airphoto Service, Freddi Planischeck (S. 26), Digimap Bozen (Kartografie Umschlag und Kapitel Autotouren, ab S.54), Schloss Moos-Schulthaus (S. 97), Bildarchiv der Südtiroler Qualitätsprodukte/HK BZ Frieder Blickle (Kapitel Produkte, ab S. 98), Photo Ingram (S. 107 und S. 109), Tresh/Sarner Natur Gen. (S. 110), Fotoarchiv Südtiroler Archäologiemuseum/www.iceman.it (Umschlag, S. 3 und S. 132/133), Südtiroler Naturmuseum (S. 136), Ganesh Graphics (S. 146), Touriseum (S. 148), Naturhotel Lüsner Hof (S. 201), Alpinschule Pustertal (S. 203), Museion/KSV Krüger Schuberth Vandreike, Berlin/Antonia Weiße, Berlin (Umschlag, S. 3, S. 198/199 und S. 205), Südtiroler Bergwiesenheugenossenschaft (S. 207), DOB/Holder Mathias Architects, Cardiff (S. 209), Südtiroler Ritterspiele Schluderns (S. 213), 's Terner Schmelzpfandl (S. 216), Hotel Castel Fragsburg (S. 218/219)

Inserate: Wieser (S. 222), Karl-Heinz Gamper/Norbert Gerstgrasser (S. 224), Michael Pirchhofer (S. 224), Aries Creativ (S. 225), Die Gärten von Schloss Trauttmansdorff (S. 227), Oskar Dariz (S. 230), Franz Spiegelfeld (S. 233), Foto Wieser (S. 234), Ganesh Graphics (S. 235), Tourismusverein Ultental-Deutschnonsberg (S. 236), Peter Grund (S. 237), Josef Rotter (S. 237), Annette Fischer (S. 239), Georg Tappeiner (S. 240), Gregor Khuen-Belasi (S. 241), Schloss Moos-Schulthaus (S. 242), Lukas Schaller/Christian Gufler (S. 244), Anneliese Kompatscher (S. 246), Artbrent (S. 248), Lorenz Fischnaller (S. 248), Manfred Felder (S. 251), Südtiroler Landesmuseen für Volkskunde (S. 255), Christian Tschurtschenthaler (S. 261) sowie weitere Bilder aus dem Privatbesitz der Inserenten.

Tipps: Freddi Planischeck (S. 27), Jung & C. (S. 34), Hedwig Bledl (S. 37), Tourismusverein Sterzing (S. 42), Zippel/Aries Creativ (S. 44), Galerie Hellebarde (S. 56), Grüner (S. 88), Bildarchiv der Südtiroler Qualitätsprodukte/HK BZ Frieder Blickle (Kapitel Produkte, ab S. 98), Dietmar Spechtenhauser (S. 106), Tresh/Sarner Natur Gen. (S. 110), Perpa (S. 114), Schnalstaler Gletscherbahnen (S. 149), Gerhard Watzek (S. 151), Innerhofer Fotodesign Meran (S. 162) sowie weitere Bilder aus dem Privatbesitz der Inserenten.

Umschlagkonzeption: BLV Buchverlag GmbH & Co. KG, München
Umschlagfotos: Tappeiner AG, Lana (BZ), Italien
Gesamtherstellung: Tappeiner AG, Lana (BZ), Italien
Lektorat, Gestaltung, Satz: Tappeiner AG, Lana (BZ), Italien

Printed in Italy

ISBN 978-3-8354-0307-9

Hinweis: Das vorliegende Buch wurde sorgfältig erarbeitet. Dennoch erfolgen alle Angaben ohne Gewähr. Weder Autor noch Verlag können für eventuelle Nachteile oder Schäden, die aus den im Buch vorgestellten Informationen resultieren, eine Haftung übernehmen. Zu den Bedingungen zur Einlösung der Gutscheine lesen Sie bitte auf Seite 9.